S. Gisela

Wozu noch Laien?

Bamberger Theologisches Forum

Herausgegeben von
Volker Eid, Marianne Heimbach-Steins,
Alfred Hierold, Wolfgang Klausnitzer,
Georg Kraus, Godehard Ruppert,
Professoren der Fakultät Katholische Theologie
der Otto-Friedrich-Universität Bamberg

Band 1

PETER LANG
Frankfurt am Main · Berlin · Bern · Bruxelles · New York · Oxford · Wien

Georg Kraus (Hrsg.)

Wozu noch Laien?

Für das Miteinander in der Kirche

PETER LANG
Europäischer Verlag der Wissenschaften

Die Deutsche Bibliothek - CIP-Einheitsaufnahme

Wozu noch Laien? : für das Miteinander in der Kirche / Georg Kraus (Hrsg.). - Frankfurt am Main ; Berlin ; Bern ; Bruxelles ; New York ; Oxford ; Wien : Lang, 2001
(Bamberger theologisches Forum ; Bd. 1)
ISBN 3-631-37632-4

Gedruckt auf alterungsbeständigem,
säurefreiem Papier.

ISSN 1616-668X
ISBN 3-631-37632-4

Printed in Germany 1 2 3 4 6 7

INHALTSVERZEICHNIS

Überwindung des traditionellen Begriffes „Laien“:

Versuch mit dem integrativen Oberbegriff „Kirchenmitglieder“

Georg Kraus

Das war ein Schock für all diejenigen Mitglieder der Katholischen Kirche, die sich an den neuen ekklesiologischen Akzenten des Zweiten Vatikanischen Konzils orientiert haben! Ist die konziliare Bestimmung der Kirche als Volk Gottes, als communio und als gemeinsames Priestertum in der römischen Zentrale nicht mehr gültig? So fragten sich bestürzt viele Kirchenmitglieder, als 1997 die römische Instructio publiziert wurde, die den Titel trägt: „Instruktion zu einigen Fragen über die Mitarbeit der Laien am Dienst der Priester“[1].

Der Schock könnte insofern heilsam sein, daß er positiv zu neuer Reflexion herausgefordert hat. Es haben sofort eine Reihe von Theologinnen und Theologen kritisch Stellung genommen zur Instructio[2]. Einen kleinen Beitrag zur konstruktiven Auseinandersetzung mit der Instructio wollte das sogenannte Bamberger Theologische Forum in einer Reihe von 5 Referaten leisten, die in diesem Band publiziert werden.

Als Reflex auf die 1997 publizierte römische Instruktion führten wir an der Fakultät Katholische Theologie der Universität Bamberg im Wintersemester 1998/99 eine Reflexion im Rahmen unseres - alljährlich stattfindenden - Theologischen Forums durch, und zwar unter dem Titel: „Wozu noch Laien? Für das Miteinander in der Kirche“. Dieser zweifelnden Frage nach der Bedeutung der „Laien“ und - so ist hinzuzufügen - der „Laiinnen“ in der Kirche sind wir in fünf Referaten unter dem positiven Leitmotiv „Für das Miteinander“ nachgegangen. Das Problem wurde beleuchtet in der Perspektive verschiedener theologischer Disziplinen: dogmatisch von Prof. Wolfgang Beinert, kirchenrechtlich von Prof. Ilona Riedel-Spangenberger, praktisch gremienbezogen von Prof. Hans-Joachim Meyer, kirchengeschichtlich von Dr. Barbara Henze, pastoraltheologisch von Prof. Leo Karrer.

Entscheidend für die Zukunft der Kirche ist jedoch, prinzipiell eine neue, positive Bestimmung des traditionellen Begriffes „Laien“ zu finden. Denn auch noch in den Dokumenten des Zweiten Vatikanischen Konzils werden -

---

1 Instruktion zu einigen Fragen über die Mitarbeit der Laien am Dienst der Priester, Bonn 1997 (Verlautbarungen des Apostolischen Stuhls, Nr. 129).

2 Vgl. Peter Hünermann (Hg.), Und dennoch ... Die römische Instruktion über die Mitarbeit der Laien am Dienst der Priester. Klarstellungen - Kritik - Ermutigungen, Freiburg 1998; Wolfgang Beinert, Einige Fragen zum Kirchenbild einer römischen Instruktion. Priester und Laien am Ende des zweiten Milleniums, in: ders., Amt - Tradition - Gehorsam. Spannungsfelder kirchlichen Lebens, Regensburg 1998, 127-143.

trotz inhaltlicher positiver Charakteristika - die „Laien" formal negativ eingeordnet als Nichtkleriker und Nichtordensleute (vgl. LG 31). Um dem seither angemeldeten Desiderat nachzukommen, daß eine positive Kategorie entwickelt werden muß, die den traditionellen Gegensatz zwischen Laien und Klerikern aufhebt, möchte ich hier - in einem kurzen Impuls - einen konkreten Vorschlag zur Diskussion stellen.
Über die Ausgangsbasis, daß Papst Pius XII. und das Vatikanum II eine prinzipielle Weichenstellung zu einer neuen Sicht der Laien getroffen haben und daß das Vatikanum II inhaltlich eine positive Neubestimmung des bisherigen Begriffes „Laien" durchgeführt hat, möchte ich in Konsequenz die These aufstellen: Der Begriff „Laien" soll völlig überwunden werden durch den Integrationsbegriff „Kirchenmitglieder", der zu differenzieren ist in allgemeine und diensttragende Kirchenmitglieder.

1. Neue Weichenstellung im päpstlichen und konziliaren Lehramt

1.1 Pius XII: „Ihr seid die Kirche"

Die römische Instructio wirft als eine Grundfrage auf: Ist der pastorale Einsatz von „Laien" und „Laiinnen" nur eine vorübergehende Notlösung? Eine erste überraschende Antwort darauf erhalten wir aus einen, 1962 vor dem Vatikanum II veröffentlichten Fastenhirtenbrief des Kölner Kardinals Frings, wo er schreibt:
„Geliebte Erzdiözesanen! In unseren Tagen wird häufig die Frage nach dem Standort des Laien in der Kirche aufgeworfen. Es wäre kurzsichtig, diese Frage nur vom Priestermangel her zu beurteilen und im Laien nichts anderes zu sehen als eine Hilfe für den Priester, 'der es allein nicht mehr schafft', oder einen Ersatz für den Priester, der nicht mehr da ist"[3].
Die Antwort auf das „Wozu" der Laien und Laiinnen in der Kirche heißt hier - im Gegensatz zur römischen Instruktion - eindeutig: Die Laien und Laiinnen sind *nicht* zu definieren als „Hilfe für den Priester" oder als „Ersatz für den Priester". Also die Laien und Laiinnen haben keine Lückenbußefunktion in der Kirche.
Im Verlauf des Briefes liefert der Kardinal eine fundamentale Begründung für die positive, eigenständige Bedeutung der Laien und Laiinnen in der Kirche, indem er ein Erlebnis mit Papst Pius XII. schildert:
"Nie werde ich, geliebte Erzdiözesanen, den 20. Februar 1946 vergessen. Zusammen mit dem so früh verstorbenen Bischof von Münster, Kardinal von Galen, und dem Bischof von Berlin, Kardinal von Preysing, war ich nach Rom gekommen, um mit vielen anderen aus der Hand Papst Pius XII. den Kardinalshut entgegenzunehmen. ...Bei diesem Anlaß hielt der Heilige Vater eine Ansprache an die neugewählten Kardinäle, in der er auch auf damals drängende Aufgaben der Kirche und den Anteil der Laien bei ihrer

---

[3] Joseph Kardinal Frings, Der Laie in der Kirche. Fastenhirtenbrief 1962, Köln 1962, 3.

Lösung zu sprechen kam. Der Heilige Vater führte aus, daß die Laien in der vordersten Linie des Lebens der Kirche stünden, denn die Aufgabe der Kirche, Lebensprinzip der menschlichen Gesellschaft zu sein, könne sie nur durch die Laien erfüllen. Diese müßten eine immer klarere Erkenntnis davon bekommen, daß sie nicht nur zur Kirche gehörten, sondern die Kirche seien. Der Heilige Vater rief aus: „Ihr seid die Kirche" (Anm.: AAS 1946, S. 149).

Was ich mit eigenem Ohr aus dem Mund des Heiligen Vaters gehört habe, wiederhole ich hier vor allen Laien: „Ihr gehört nicht nur zur Kirche, Ihr seid die Kirche". ...

In die Hände von Laien und Priestern hat Gott die Geschichte seiner Kirche gelegt.

Laien und Priester tragen so gemeinsam eine ungeheure Verantwortung, daß nämlich das Reich Gottes nach außen wachse und nach innen immer blühender und strahlender werde"[4].

1.2 Vatikanum II: die Kirche als Volk Gottes

„Ihr seid die Kirche!" Hier ist also schon vorkonziliar von einem Papst (der nicht im Ruf stand, progressiv zu sein!) die Begründung gegeben für die nachkonziliare Bewegung „Wir sind Kirche", in der Laien und Laiinnen ihre Rechte bei der Mitwirkung und Mitbestimmung in der Kirche einfordern. Diese Bewegung beruft sich zu Recht direkt auf das Zweite Vatikanische Konzil, und zwar auf die Kirchenkonstitution („Lumen gentium"=LG). In diesem lehramtlich höchstrangigen Dokument bildet der neu eingeführte Begriff „Volk Gottes" die Basiskategorie für die Struktur der Kirche. Da nun im Volk Gottes alle Mitglieder die gleiche Grundwürde und die gleiche Grundsendung besitzen, erfolgt eine prinzipielle Aufwertung der Laien und Laiinnen.

So ist die koinonia, die Gemeinschaft des neutestamentlichen Volkes Gottes grundlegend eine communio aequalium, eine Gemeinschaft Gleicher. Dies wird explizit formuliert: „Es ist also in Christus und in der Kirche keine Ungleichheit aufgrund von Rasse und Volkszugehörigkeit, sozialer Stellung oder Geschlecht", es „waltet unter allen eine wahre Gleichheit (vera aequalitas) in der allen Gläubigen gemeinsamen Würde und Tätigkeit zum Aufbau des Leibes Christi" (LG 32).

In dieser prinzipiell gleichrangigen Gemeinschaft der Kirche herrscht also auch eine wahre Gleichheit bei der Tätigkeit zum Aufbau des Leibes Christi oder, anders gesagt, es herrscht die gleiche Grundsendung. Das Konzil legt für diesen gleichen Sendungsauftrag ganz neu ein sehr tiefes Fundament. Im Volk Gottes partizipieren alle Christgläubigen, also auch die Laien und Laiinnen, am dreifachen Amt Christi als Priester, Prophet und König. So heißt es ausdrücklich: Die Laien sind „durch die Taufe Christus einverleibt, zum

[4] Ebd., 34f.

Volk Gottes gemacht und des priesterlichen, prophetischen und königlichen Amtes Christi auf ihre Weise teilhaftig, zu ihrem Teil die Sendung des ganzen christlichen Volkes in der Kirche und in der Welt auszuüben" (LG 31). - Konkret bedeutet das: „Der Apostolat der Laien ist Teilnahme (participatio) an der Heilssendung der Kirche selbst. Zu diesem Apostolat werden *alle vom Herrn selbst* durch Taufe und Firmung bestellt" (LG 33).

Während das Konzil von der gleichwürdigen „Zusammenarbeit" (cooperatio, LG 30) zwischen Dienstträgern und Laien spricht, geht die römische Instructio wieder von der vorkonziliaren rein *unter*geordneten „Mitarbeit" aus. Der Titel müßte konziliar korrekt heißen: „Die Zusammenarbeit von Laien und Priestern in der Heilsendung der Kirche". Im Gegensatz zum Konzil werden in der Instructio die Laien und Laiinnen wieder explizit funktional als Lückenbuße eingeschätzt, wenn es beispielsweise im Schlußwort heißt: „Daher können die vorgelegten Lösungen für den Mangel an geistlichen Amtsträgern nur vorübergehend sein"[5].

2. Positive Neubestimmung des bisherigen Begriffes „Laien"

2.1 Historische Fehlentwicklung

Bisher werden die „Laien" formal - auch noch in LG 31 - negativ bestimmt als Nichtordinierte oder als Nichtordensleute. Das Kriterium für die Einordnung der „Laien" ist das Defizit, daß sie keine Weihe empfangen haben bzw. daß sie kein Ordensgelübde abgelegt haben. So waren die „Laien" in den letzten Jahrhunderten in der Kirche zum einen Objekte des ordinierten Klerus und zum anderen ein Stand der Unvollkommenheit gegenüber dem „Stand der Vollkommenheit" der Mönche und Nonnen.

Eine historische Wurzel für diese negative Bestimmung der Laien lag in der Entfremdung vom ursprünglichen biblischen Begriff und eine Überfremdung durch einen hellenistischen Begriff. Biblisch[6] leitet sich laikós ab von laós: laikos ist ein Mitglied des laos tou theou, also ein Mitglied des Volkes Gottes. Damit ist „Laie" ein Universalbegriff: Alle, die zum Volk Gottes gehören, sind laikoi. In diesem Sinn meint „Laie" eine Abgrenzung nach außen, d.h. gegenüber allen anderen Menschen, die nicht zum Volk Gottes gehören. „Laie" besagt also keine Abgrenzung innerhalb der Kirche[7].

Leider hat sich sehr früh in der Kirchengeschichte eine hellenistische Überfremdung durchgesetzt. Laie wird identifiziert mit dem hellenistischen Begriff idiotes. Unter idiotes aber wird verstanden: ein Privatmann im Gegensatz zum Inhaber eines öffentlichen Amtes oder ein Nichtkenner gegenüber dem Fachmann bzw. ein Ungebildeter gegenüber dem Wissenden. So wer-

---

[5] Instruktion, S. 33.

[6] Vgl. den zusammenfassenden Überblick bei Peter Neuner, Der Laie und das Gottesvolk, Frankfurt 1988, 25-34.

[7] Vgl. Wolfgang Beinert, hier in diesem Band, S. 29-31.

den all diejenigen in der Kirche, die kein - durch Ordination erworbenes - Amt ausüben, als Laien bezeichnet. Da der Klerus zudem auch ausschließlich über die theologische Bildung verfügt, sind die Laien als die Nichtgebildeten oder Ungebildeten inferior gegenüber dem Klerus.

2.2 Grundansatz für eine positive Neubestimmung des Begriffes „Laien"

Die Ausgangsbasis für den Neuansatz bilden die ekklesiologischen Akzente, die das Vatikanum II gesetzt hat: die Kirche als Volk Gottes in der communio aequalium und die Taufe als Weihe zum gemeinsamen Priestertum mit der Teilhabe am dreifachen Amt Jesu Christi.

2.2.1 Die fundamentale Gleichheit aller Mitglieder des Volkes Gottes

Das Vatikanum II hat im Ringen um die endgültige Fassung der Kirchenkonstitution das Kapitel über die Kirche als Volk Gottes sehr gezielt vor dem Ämterkapitel postiert. Dadurch sollte zum einen klar gemacht werden: Es „richtet sich alles, was über das Volk Gottes gesagt wurde, in gleicher Weise an Laien, Ordensleute und Kleriker" (LG 30). Zum anderen sollte betont werden: Alle Mitglieder der Kirche gehören auf gleichem Fundament zum Volk Gottes; es dürfen sich nicht mehr gegenüberstehen: hier der herrschende Klerus, dort das beherrschte Volk; der Klerus befindet sich innerhalb des Volkes Gottes.

Prinzipiell betont das Konzil eine „vera aequalitas". Das heißt: Alle Mitglieder der Kirche haben die gleiche Grundwürde und die gleiche Grundsendung. Konkret bezieht sich die fundamentale Gleichheit nicht nur auf die gemeinsame Taufwürde, sondern auch auf die gemeinsame Tätigkeit der Sendung zum Heil der Welt.

2.2.2 Die Weihe aller Getauften zum gemeinsamen Priestertum mit der Teilhabe aller am dreifachen Amt Jesu Christi

Um die Unmittelbarkeit und Unableitbarkeit der Sendung der Laien eindeutig zum Ausdruck zu bringen, verwendet das Konzil gezielt den starken Begriff der „Weihe" für das Geschehen bei der Taufe und Firmung. So formuliert das Dekret „Apostolicam actuositatem" (=AA3) sehr klar: „Recht und Pflicht zum Apostolat haben die Laien kraft ihrer Vereinigung mit Christus dem Haupt. Denn durch die Taufe dem mystischen Leib Christi eingegliedert und durch die Firmung mit der Kraft des Heiligen Geistes gestärkt, werden sie vom Herrn selbst mit dem Apostolat betreut. Sie werden zu einer königlichen Priesterschaft und zu einem heiligen Volk (vgl. 1 Petr 2,4-10) geweiht (consecrantur)".

Dieser Weihecharakter aller Getauften ist der dogmatische Grund dafür, daß das Konzil den - in der Auseinandersetzung mit der Reformation sehr umstrittenen - Begriff des „gemeinsamen Priestertums" (sacerdotium commune) auf alle Mitglieder der Kirche anwendet. So werden die Laien grundlegend

in den Bereich des Priesterlichen eingeordnet. Aber das Konzil betonte auch, daß zwischen dem gemeinsamen Priestertum aller Getauften und dem „Priestertum des Dienstes“ (sacerdotium ministeriale“) ein Unterschied „dem Wesen und nicht bloß dem Grade nach“ besteht (LG 10).
Insofern die Sendung der Laien unmittelbar durch den Herrn selbst erfolgt, gilt gemäß dem Konzil: „Die Laien, die auch am priesterlichen, prophetischen und königlichen Amt Christi teilhaben, verwirklichen in Kirche und Welt ihren eigenen Anteil an der Sendung des ganzen Volkes Gottes“ (AA2). Dabei ist die Feststellung sehr wichtig, daß das Konzil hier und anderswo die Sendung der Laien nicht nur auf den Weltdienst, sondern auch auf den Heilsdienst in der Kirche bezieht.

3. Überwindung des Begriffes „Laien“ durch einen neuen integrativen Oberbegriff

Der große Neuansatz, mit dem das Vatikanum II die Stellung der Laien in der Kirche sehr positiv bestimmte, muß konsequent zu Ende geführt werden. Wenn der Leitbegriff „Volk Gottes“ mit seinen fundamentalen Implikaten streng weitergedacht wird, muß das starre Schema „Klerus-Laien“ überstiegen werden, muß der integrative Charakter des Volkes Gottes unmittelbar begrifflich zum Ausdruck kommen. Um diese Problematik zu lösen, ist es notwendig, eine neue Sprachregelung einzuführen. Konkret heißt das: Der Begriff „Laie“ ist aus dem kirchlichen Sprachgebrauch zu tilgen[8]; es ist ein integrativer Oberbegriff zu entwickeln, der adäquat der Grundstruktur des Volkes Gottes entspricht.
In biblischer Grundargumentation sprechen für einen solchen Versuch folgende Beobachtungen: In den neutestamentlichen Gemeinden fehlt einerseits gänzlich der Begriff „Laie“ und es fehlt andererseits der Begriff „Priester“ (hiereus) für einen Amtsträger. Laós als Volk Gottes sind alle Getauften und nur das Volk Gottes als Ganzes wird mit dem Titel „heilige Priesterschaft“ (1 Petr 2,5) bezeichnet. In den Gemeinden gibt es zwar besondere, feste Funktionen, aber diese werden nie mit Herrschaft (arché oder hierarchia) benannt, sondern immer mit Dienst (diakonia).
Ziel der neuen Sprachregelung ist der Einsatz eines Integrationsbegriffes, der dem ursprünglichen Sinn des Begriffes „Volk Gottes“ gerecht wird, d.h. er soll das Ganze des Volkes Gottes als Ausgangsbasis haben und dann differenzieren zwischen dem Allgemeinen und Besonderen. Eine solche Funktion kann der Sache nach wohl die Kategorie „Kirchenmitglieder“ leisten.

3.1 Integrationsbegriff: Kirchenmitglieder

Die Kirche ist das Volk Gottes. Die Zugehörigkeit zur Kirche als Volk Gottes wird durch die Taufe konstituiert. Anders gesagt: Die Taufe bringt

---

8 Zur Abschaffung des Begriffes „Laien“ vgl. Peter Neuner, Ekklesiologie, in: Glaubenszugänge 2, Paderborn 1995, 537 f.

die Aufnahme in die Kirche als Volk Gottes; alle Getauften sind Mitglieder der Kirche als Volk Gottes.
So gilt: Alle Mitglieder der Kirche bilden zusammen das eine und ganze Volk Gottes. Im Volk Gottes haben alle Mitglieder der Kirche Anteil an den - besonders vom Vatikanum II herausgestellten - Grundbestimmungen des Volkes Gottes: Alle Mitglieder der Kirche haben unmittelbar vom Herrn selbst durch die Taufe die gleiche Grundwürde und die gleiche Grundsendung zum Heilsdienst; alle Mitglieder der Kirche bilden zusammen als geheiligtes Volk das gemeinsame Priestertum; alle Mitglieder der Kirche haben Anteil am priesterlichen, prophetischen und königlichen Amt Christi, also konkret an der Heiligung, Lehre und Leitung der Kirche.
Bei solcher Grundlegung erweist sich der Begriff „Kirchenmitglieder" als eine Kategorie der Integration. Das Integrative gilt in mehrfacher Hinsicht. Schon der Begriff „Kirchenmitglieder" enthält in sich Integratives: Mit-Glieder heißt ja allgemein, daß die einzelnen Individuen in einem Miteinander, in einer Gemeinschaft leben; Kirchenmitglieder heißt dann, daß die einzelnen Getauften in der Gemeinschaft der Kirche als Volk Gottes leben.
Prinzipiell integriert der Begriff „Kirchenmitglieder" unter verschiedener Perspektive: Er integriert alle Getauften in dem gleichen Fundament; er integriert die vielen einzelnen Getauften zum einen und ganzen Volk Gottes; er integriert Person und Gemeinschaft, existentielle Eingliederung und institutionelle Organisation; er integriert gleiche Rechte und Pflichten für alle.
Speziell integriert der Begriff „Kirchenmitglieder" auch die traditionell streng getrennten zwei Gruppen in der Kirche, also die „Laien" und „Kleriker". Denn auch die herkömmliche Trennung zwischen „Laien" und „Klerikern" kommt in dem Fundament überein, daß sowohl die „Laien" als auch die „Kleriker" Mitglieder der Kirche sind.

3.2 Differenzierung: allgemeine und diensttragende Kirchenmitglieder

Insofern nun der Begriff „Laien" ausgeschaltet werden soll, muß für die nötige institutionelle Struktur der Kirche eine neue begriffliche Differenzierung eingeführt werden. Dabei liegt folgende Prämisse zugrunde: Die Kirche als die Sammlung aller, die durch die Taufe in das Volk Gottes berufen sind, ist konstitutiv eine Gemeinschaft und als öffentliches soziales Gebilde eine Institution.

3.2.1 Unersetzliche Notwendigkeit diensttragender Kirchenmitglieder

Institution ist konstitutiv eine Einheit von allgemeiner Ordnung und individueller Besonderheit; sie ist ein Spannungssystem von Ordnung und Freiheit, von Führung und Selbstverantwortung[9]. Dementsprechend gilt für die Kirche: Als Institution braucht die Kirche eine feste Ordnung und Leitung. Konkret braucht die Kirche Mitglieder, die die Verantwortung übernehmen

---

9 Vgl. Udo Zelinka, Institution, in LThK 5 (^{3}1996) 545 f.

für die Verwirklichung einer spezifischen Ordnung. Diese Verantwortlichen heißen traditionell Amtsträger. Doch vom neutestamentlichen Zeugnis her, das in den Gemeinden nur Dienste kennt, ist die Bezeichnung Dienstträger am angemessensten.
So ergibt sich als Grunddifferenzierung für die Kirche als Institution: Die Kirche besteht aus allgemeinen und diensttragenden Mitgliedern. Terminologisch bietet der demokratische Staat ein analoges Modell für die Kirche als Volk Gottes. Der Staat besteht aus den Bürgerinnen und Bürgern als allgemeinen Mitgliedern, von denen ein Teil - in den verschiedenen politischen Ebenen - verantwortliche Dienste übernimmt. Spezifisch für die Kirche bedeutet das: Die Kirche besteht aus allen Getauften als allgemeinen Mitgliedern, von denen ein Teil - in den verschiedenen kirchlichen Ebenen - verantwortliche Dienste übernimmt.
Traditionell sind konkrete Dienstträger: die durch Ordination bestellten Gruppen der Diakone, Presbyter und Bischöfe sowie der durch Wahl bestellte Bischof von Rom als Papst. Seit dem Zweiten Vatikanischen Konzil gibt es auch verschiedene Gruppen von Dienstträgern, die durch Delegation von der Kirchenleitung bestellt sind: die Gemeindereferentinnen und -referenten, die Pastoralreferentinnen und -referenten, die Katechetinnen und Katecheten, die Leiterinnen und Leiter von Basisgemeinden.

3.2.2 Zuordnung der diensttragenden Mitglieder in der Kirche

Prinzipiell haben die Dienste in der Institution Kirche ein unvergleichliches Spezifikum gegenüber Diensten in anderen Institutionen. Das Spezifikum liegt in der Grunddimension, Grundqualifikation und Grundfunktion.
In der kirchlichen Grunddimension geht es um die Förderung der Beziehung zwischen Gott und Mensch oder, konkreter gesagt, um den Dienst am Heil der Menschen. - Die Grundqualifikation kommt für die Dienstträger der Kirche als Geschenk von Gott, nämlich als eine besondere Berufung durch Gott. Diese besondere Berufung einzelner Mitglieder unterscheidet sich institutionell von der allgemeinen Berufung aller Mitglieder dadurch, daß die kirchliche Gemeinschaft die besonders Berufenen in einem öffentlichen Akt zu einem festgeregelten Dauerdienst am Heil der Menschen bestellt. - Die Grundfunktion ergibt sich aus dem Anteil am dreifachen Heilsdienst Jesu Christi. Konkret erfüllen die kirchlichen Dienstträger in einer besonders festgelegten Weise: den Dienst der Heiligung bei der Feier der Sakramente, den Dienst der Verkündigung des Evangeliums vom Reich Gottes, den Dienst der Leitung in den verschiedenen kirchlichen Gemeinschaften.
Die grundsätzliche Zuordnung von allgemeinen und diensttragenden Kirchenmitgliedern enthält einen Perspektivenwechsel gegenüber der traditionellen Überordnung des Klerus über die Laien. Für die gegenseitige Beziehung zwischen den allgemeinen und den diensttragenden Kirchenmitgliedern gilt: Unter der Kategorie Kirchenmitglieder bilden die allgemeinen Kirchenmitglieder die Gesamtwirklichkeit des Volkes Gottes, innerhalb derer die

diensttragenden Mitglieder ihren besonderen Dienst am Ganzen ausüben. Nicht die diensttragenden Kirchenmitglieder sind die Kirche, sondern die allgemeinen Kirchenmitglieder sind die Kirche. Die allgemeinen Kirchenmitglieder sind nicht Objekte, sondern Subjekte der Kirche als Volk Gottes. Die diensttragenden Kirchenmitglieder sind für die allgemeinen Kirchenmitglieder da, nicht die allgemeinen Kirchenmitglieder für die diensttragenden Mitglieder[10]. Mit den Konzilsbegriffen gesagt: Das Priestertum des Dienstes (sacerdotium ministeriale) ist für das gemeinsame Priestertum da und nicht umgekehrt.

Für die Praxis des kirchlichen Lebens liegt im Oberbegriff „Mitglieder" bereits ein grundlegendes Programm: Es geht um ein Miteinander. So ist ein Gegeneinander und Übereinander ausgeschlossen. Die Schlüsselworte lauten: Korrelation und Kooperation. Die beiden Mitgliederdimensionen im Volk Gottes stehen auf der Basis einer gleichen Grundwürde und Grundsendung in Korrelation, in gleichwertiger gegenseitiger Beziehung. So ist im Leben der Kirche eine grundlegende gleichberechtigte Kooperation, d.h. eine partnerschaftliche oder geschwisterliche Zusammenarbeit möglich und nötig. Im Hinblick auf die derzeit von Rom wieder favorisierte, bloß lückenbüßerische Mitarbeit der Laien am Wirken des Klerus ist in der neuen Sicht eine wesentliche Änderung notwendig: „Dem gemeinsamen Priestertum ... muß in allen Rechtsbereichen durchgängig mehr Beteiligung an den kirchlichen Gestaltungs- und Entscheidungsprozessen zukommen"[11]

3.3 Der integrierte und damit positiv aufgehobene Begriff „Laien"

Im Sinn einer knappen Zusammenfassung kann thesenartig festgestellt werden: Der Begriff „Laien" ist beim integrativen Oberbegriff „Kirchenmitglieder" überflüssig, weil er inhaltlich in diese Kategorie integriert und damit positiv „aufgehoben" ist.

Der formal negativ belastete Begriff der Laien als Nichtordinierte und Nichtordensleute ist vom Inhaltlichen her positiv integriert in der Kategorie „allgemeine Kirchenmitglieder". Diese Kategorie leistet eine Aufhebung im dreifachen (hegelschen) Sinn von Beseitigung, Bewahrung und Erhöhung: Der formale Begriff „Laien" ist beseitigt; die inhaltliche Bedeutung der Würde und Sendung der „Laien" ist bewahrt; die prinzipielle und praktische Einschätzung der „Laien" ist erhöht.

Hier läßt sich Gal 3,26-28 in teilweiser Neuformulierung anwenden: „Ihr seid alle durch den Glauben Kinder Gottes in Christus Jesus. Denn ihr alle, die ihr auf Christus getauft seid, habt Christus als Gewand angelegt". Und - bezogen auf den differenzierten Integrationsbegriff- das folgende in Ab-

---

[10] Vgl. zu dieser grundsätzlichen Zuordnung: P. Neuner, Ekklesiologie, 538; Sabine Demel, Christen zweiter Klasse? Möglichkeiten, Rechte und Pflichten der Laien in der katholischen Kirche, in: StZ 125 (2000) 557-559, 564-566.

[11] S. Demel, Christen zweiter Klasse?, 564.

wandlung: „Es gibt nicht mehr „Laien“ und „Kleriker“. Dann im Wortlaut weiter: „Denn ihr alle seid eins in Christus Jesus“.

“Der eine und gleiche Geist in Haupt und Gliedern” (LG 7)

Die Laien in der Kirche aus pneumatologischer Sicht

Wolfgang Beinert

1. Kirchlicher Verfassungsnotstand?

Die kirchliche "Außen-" wie "Innenpolitik" hat in den letzten Jahren zu einem vielbeklagten und mehr noch diskutierten Problemstau geführt, der die Glaubensgemeinschaft auf dem Weg durch die Zeit arg behindert und nicht recht vorankommen lassen will. Die mannigfachen Einzelschwierigkeiten, die ihn herbeigeführt haben und die allen bekannt sind, lassen sich auf drei Grundfragen zurückführen, die durch Aufgabe und Ziel der Kirche veranlaßt werden, nämlich, mit den Worten des Zweiten Vatikanischen Konzils, "Sakrament, das heißt Zeichen und Werkzeug für die innigste Vereinigung mit Gott wie für die Einheit der ganzen Menschheit" zu sein[1]. Sie lauten: Was soll verkündet werden; wie soll es verkündet werden; wer soll es verkünden? Die erste Frage ist die *Sachfrage*. Sie will herausfinden, worin die essentiellen Gehalte der Offenbarungsbotschaft bestehen, was, andersherum gesagt, aus dem Traditionsbestand der Lehre als nur zeitbedingt und nicht

---

[1] LG 1 - Aus der umfangreichen Literatur der letzten Jahre seien nur einige wesentliche und für diese Überlegungen herangezogene Werke angeführt: H. M. Barth, Einander Priester sein. Allgemeines Pristertum in ökumenischer Perspektive, Göttingen 1990; W. Beinert, Autorität um der Liebe willen. Zur Theologie des kirchlichen Amtes: K. Hillenbrand (Hg.), Priester heute, Würzburg 1990, 32-66; Amt-Traditon-Gehorsam. Spannungsfelder kirchlichen Lebens. Hören, was der Geist den Gemeinden sagt, Regensburg 1998; E. Braunbeck, Der Weltcharakter des Laien. Eine theologisch-rechtliche Untersuchung im Licht des II. Vatikanischen Konzils (= est NF 34), Regensburg 1993; E. Glaubitz, Der christliche Laie. Vergleichende Untersuchung vom Zweiten Vatikanischen Konzil zur Bischofssynode 1987, Würzburg 1995; H. Haag, Worauf es ankommt. Wollte Jesus eine Zwei-Stände-Kirche? Freiburg-Basel-Wien 1997; L. Karrer, Aufbruch der Christen. Das Ende der klerikalen Kirchen, München 1989; M. Klöckener/K.Richter (Hg.), Wie weit trägt das gemeinsame Priestertum? Liturgischer Leitungsdienst zwischen Ordination und Beauftragung (= Qd 171), Freiburg-Basel-Wien 1998; K. Koch, Kirche der Laien? Plädoyer für die göttliche Würde der Laien in der Kirche, Freiburg/Schweiz 1991; A. Loretan, Laien im pastoralen Dienst, Freiburg/Schweiz 1994; P. Neuner, Der Laie und das Gottesvolk, Frankfurt a.M. 1988; R. Parent, Une Eglise des baptisés. Pour surmonter l'opposition clercs/laics, Paris 1987; K. Schäfer, Gemeinde als "Bruderschaft". Ein Beitrag zum Kirchenverständnis des Paulus, Bern 1989. Vgl. dazu auch die Monographien zur Ekklesiologie und die Handbücher der Dogmatik, Traktat über die Kirche, sowie die wichtigen Lexikonartikel: LTHK^3 6,589-608; NHThG^2 3,177-206; TRE 20,378-399. - Hier bibliographierte Werke werden im Folgenden nur mit Kurzangabe erwähnt.

zum Evangelium gehörig eliminiert werden kann, darf und muß. Die zweite Frage ist die *kommunikationstechnische Frage*. In der Antwort geht es um die notwendigen Plausibilitätsstrukturen, ohne die die Botschaft ihre Adressaten nicht zu erreichen vermag. Frage drei endlich ist die *Personalfrage;* sie heischt Auskunft darüber, wer die Sache des Evangeliums zeitgerecht vermitteln soll. An sich ist sie gegenüber der ersten und in etwa auch gegenüber der zweiten Frage nachrangig. Gerade sie ist aber heute die dringlichste, geworden. Über Jahrhunderte war es sonnenklar, daß die berufenen Verkünder die Bischöfe und die Priester, die Kleriker also, sind, deren Wort alle anderen folgsam hören mußten. Man konnte in der Theologischen Erkenntnislehre die Kirche schlicht und restlos dividieren in eine lehrende und eine hörende Kirche (*ecclesia docens et* discens). Die beiden ersten Fragen waren daher auch allein von ersterer zu beantworten; die dritte Frage war gar keine, weil die Antwort längst vorlag.

Das Neue der gegenwärtigen Situation besteht im exorbitanten Klerikermangel, der mit großen Schritten zu einem bedrohlichen pastoralen Notstand in weiten Gebieten der Weltkirche führt. Als die Priester, die nun im Pensionsalter stehen, im Klerikalseminar ausgebildet wurden, zählte es durchschnittlich zehnmal mehr Bewohner als derzeit. Als sie in einer theologischen Hochschule oder Universitätsfakultät ihre Ausbildung begannen, waren sie die einzigen Hörer ihrer Professoren; jetzt kommen die Priesteramtskandidaten kaum über 5%, allerhöchstens 10% der dort Studierenden, deren Mehrzahl junge Frauen sind. Zum Neuen gehören noch zwei weitere Fakten. Schaut man auf die Diplomanden, die ein theologisches Vollstudium absolvieren, stellt man fest: Auch hier bilden die kommenden Kleriker eine Minderheit von 15-20%. Die Mehrheit bereitet sich im allgemeinen zwar auf einen kirchlichen Beruf vor, aber beabsichtigt, ihn im Laienstatus (als Pastoralassistentin/-assistent) auszuüben[2]. Ein vor dreißig Jahren unbekanntes Berufsbild ist entstanden, das wegen der Friktionen mit dem traditionellen Klerikerbild allerdings noch schwankend ist mit dem Effekt, daß auch dieses in Mitleidenschaft gezogen worden ist. Was eigentlich ein Priester sei, steht in der theologischen Diskussion. Es ist bezeichnend, daß man öfters hören kann, in dieser oder jener Gemeinde hielte am Sonntag ein "Laienpriester" den (Wort-) Gottesdienst. Da er Kommunion austeilt, vermissen die Leute kaum den Pfarrer. Das andere Faktum ist das gestiegene Selbstbewußtsein, die vielbeschworene, aber vielen auch unheimliche Mündigkeit der Laien, zu deren Beleg nur das Stichwort "Kirchenvolksbegehren" aufgerufen werden muß.

---

[2] Wir blenden den Beruf und die Berufsproblematik des Ständigen Diakons aus: Damit wurde die Sache noch komplizierter: Worin unterscheiden sich in der pastoralen Praxis (und vor allem im realen Leben der verheiratete) Diakon und Pastoralassistent? Welche Bedeutung hat die diakonale liturgische Kompetenz und das Fehlen eigentlicher liturgischer Kompetenz beim "Pastoral-Laien"?

Wenigstens die letzten Feststellungen machen unübersehbar darauf aufmerksam, daß die drei eingangs aufgelisteten Fragen etwas miteinander zu tun haben und daß auch die Frage drei Bestandteil der Fragenkomplexe eins und zwei ist. Das Klerikermonopol der Verkündigungsberechtigung ist augenscheinlich obsolet geworden. Wer über genügend starke Nerven verfügt, möge sich nur einen Moment lang ausmalen, was mit seiner Pfarrei geschähe, würden alle Laienmitarbeitenden von Stund an ihre Tätigkeit einstellen. Wer hinreichend viele Jahre zählt, wird sich erinnern: Fast alle dieser Tätigkeiten hat in ihrer Jugendzeit der Pfarrer, der Kaplan erledigt; die meisten schienen einst auch von anderen erlaubterweise gar nicht vollziehbar. Heute haben diese in vielen Fällen die neuen Pastoralberufe übernommen. Die Konturen werden unscharf, damit aber auch die Zielvorstellungen junger Leute: Warum sollen sie Priester werden, wenn beinahe alle Pastoraltätigkeit auch ohne Weihe in der Kirche läuft? Man sollte sich nicht wundern, wenn bei den Verantwortlichen in der Kirchenleitung die Sirenen heulen. Die "Instruktion zu einigen Fragen über die Mitarbeit der Laien am Dienst der Priester" vom 15. August 1997, die gleich von acht römischen Dikasterien und in besonderer Weise vom Papst selber abgesegnet wurde, ist der in sich durchaus notwendige Versuch, auf die Problemanzeige zu reagieren. Man kann nicht ihn selber, sondern höchstens die Problemlösung kritisieren.
Denn am Ende des zweiten Jahrtausends der Kirchengeschichte hat sich eine Lage herausgebildet, die an den Grundbestand der ekklesialen Verfassung zu rühren scheint. Es steht nicht weniger zur Debatte als die ständische Ordnung der Glaubensgemeinschaft, wie sie sich seit urdenklichen Zeiten dargeboten hat. Die Priesterfrage ist immer auch die Laienfrage, sofern sie eine Frage nach Vollzug und Vollzugsweise des kirchlichen Zielauftrags, der Sakramentalität der Kirche also, ist. Kleriker und Laien zusammen bilden nach alter Auffassung die Kirche, wobei Rechte, Pflichten, Aufgaben, Kompetenzen, Vollmachten bis ins Detail geregelt waren. Heute aber sind alle traditionellen Antworten offenkundig überholt. Wenigstens greifen die Antworten nicht und ergreifen keinen. Die Karten werden neu gemischt. Aber wird dadurch nicht die Kirche eine andere? Die Laienfrage wird spätestens an dieser Stelle zu einem Grundproblem der Kirche, das nicht bloß praktisch, sondern das theoretisch angegangen werden muß, möglicherweise auf ganz neu zu entdeckenden Bahnen. Zu diesem Zweck wird es gut sein, erst einmal den Verlauf der alten Bahnen, in aller (auch verkürzenden) Knappheit notgedrungen, nachzuzeichnen.

2. "Duo sunt genera christianorum"

"Es gibt zwei Arten von Christen. Die eine Art hat sich dem Gottesdienst geweiht und der Betrachtung und dem Gebet gewidmet, ihr kommt es zu, sich aus allem Lärm weltlicher Dinge zurückzuziehen. Es sind die Kleriker und die Gottgeweihten, nämlich die Conversen (Ordensleute). ... Diese aber sind die Herrscher. ... Es gibt aber eine andere Art von Christen, nämlich die

Laien. Laós ist nämlich Volk. Diesen ist der Besitz zeitlicher Güter erlaubt, aber nur zur Nutznießung. ... Ihnen ist erlaubt zu heiraten, das Land zu bebauen, zwischen Männern gerichtlich zu entscheiden, Opfer zum Altar zu bringen, den Zehnten zu zahlen. Sie können dann gerettet werden, wenn sie durch Wohltaten den Sünden entgangen sind".[3]

Als der Kirchenrechtslehrer Gratian um 1142 diese Sätze mit normierender Kraft für die Folgezeit niederschrieb, dokumentierte er eine Faktenlage, die schon über ein Jahrtausend lang Bestand hatte. Die ständische Zweiteilung in der Kirche, die hier mit aller Klarheit geschildert ist, konturiert sich, noch sehr schwach, schon am Ende des 1. Jahrhunderts, als erstmals in der christlichen Literatur die griechische Vokabel *laikós* von Sachen (wie im Profan-Sprachgebrauch) auf Personen übertragen wird, die nicht auf den gottesdienstlichen Bereich hingeordnet sind. Um 96 schreibt der Autor des 1 Klemensbriefes, den Priestern und Leviten oblägen eigene Verrichtungen, während der "laikós ánthropos", der Laienmensch, seine eigenen Anordnungen habe[4]. Das bezieht sich noch auf die jüdische Religion. Aufgrund der Autorität, die dieser angebliche Papstbrief aber genießt, kommt den Worten aber die Bedeutung einer Weichenstellung zu. Es dauert allerdings noch ein Jahrhundert, bis deutlich wird, in welche Richtung der Zug abgefahren ist.

Fast gleichzeitig wird um die Wende zum 3. Jahrhundert zum einen der Laien-Begriff aus dem jüdisch-griechischen in den christlichen Denkbereich übernommen und zum anderen die Gegenüberstellung von Laien als Nicht-Amtsträgern und Klerikern als Amtswaltern zementiert. Das geschieht an den Hauptorten der damaligen Kirche, in Rom (*Hippolyt*), Alexandrien (*Klemens von Alexandrien, Origenes*)und Karthago (*Tertullian.*)[5]. *Tertullian* ist auch der erste, der ausdrücklich von zwei *ordines*, dem ordo sacerdotalis (Klerus) und dem ordo ecclesiae (Laien) redet, mithin von *Ständen.*

Der dritte Schritt erfolgt nochmals ein Jahrhundert später. In dem nach der Konstantinischen Wende zu Beginn des 4. Jahrhunderts schnell christlich werdenden Imperium übernehmen die Bischöfe und Priester oft die Amtsfunktionen im Staat und verstehen sich auch innerhalb der Glaubensgemeinschaft als die Führungs- und Bestimmungspersonen. Die bis dato geltende fundamentale Scheidelinie zwischen Christen und Nichtchristen, neutestamentlich gesprochen (wir werden das noch näher zu besprechen haben) zwischen Gottesvolk (laós tou theou) und Nicht-Gottesvolk ist faktisch aufgehoben; dafür gibt es jetzt innerhalb der Reichs-Kirche, des Kirchen-Reichs die gleicherweise trennende Grenze zwischen den Priestern als der Führungsschicht und dem Volk, die sofort zur Unterscheidung von Oberen und Untertanen wird. Klerus wird damit zum Leitbegriff, von dem her sich defi-

---

[3] Gratian, Decr. 3,12,1,7 (Friedberg 678). Deutsch: P. Neuner (Hg.), Ekklesiologie (= tzt D 5/I), Nr. 82.

[4] 1 Clem 40,5.

[5] Vgl. dazu A. Vilela, La condition collégiale des prêtres au IIIe siècle, Paris 1971. Zu Tertullian s. De exhort. castitatis 7.

niert, was der Laie ist - vor allem einmal und in erster Linie ist er der Nicht-Priester. Damit ist ein Basisproblem geschaffen, das bis zur Stunde keine befriedigende Lösung erfahren hat: Es gibt keine positive Definition des Laien! Seit einem halben Jahrhundert spätestens ist viel Schweiß vergossen worden, sie zu finden - bislang vergebens. Entweder ist sie so, daß sie auch für den Kleriker gilt, oder sie setzt doch dessen Existenz als Normkriterium wieder voraus[6]. Das aber bringt den Laien immer mehr in die Inferiorität, konzentriert die Patristik doch die wesentlichen Lebensäußerungen der Kirche - Eucharistie, Einheit, Lehre - in der Person des Bischofs und in Nachordnung zu ihm in die des Priesters.
Anfangs ist das nicht weiter folgenreich, da Bischof und Gemeinde in engstem Bezug zueinander betrachtet werden, kenntlich etwa an der Lehre von der wesentlich als Dienst verstandenen Aufgabe des Bischofs, im Verbot der absoluten Ordination (jeder Bischof ist einer konkreten Gemeinde zugeordnet), in der Mitwirkung der Gemeinde an der Bischofsbestellung. Allmählich aber tritt das Moment der Unterscheidung nach vorn: Seit dem 5. Jahrhundert gibt es eine klerikale Sonderkleidung; seit dem 6. Jahrhundert setzt sich der Zölibat als Sonderlebensform durch; mit dem Sieg des Mönchtums wird dessen asketische Spiritualität der Weltflucht zur Norm des priesterlichen Daseins. Damit wird der Laie zum Weltchristen, sprich: zum weltlichen, ja verweltlichten und uneigentlichen Nachfolger Christi. Seine Existenz ist, wie Gratian uns schon gelehrt hat, Konzessionschristentum mit einiger Möglichkeit, trotzdem noch gerettet zu werden. Dem vierten folgt im Mittelalter der fünfte Schritt hin zur endgültigen Verfestigung der Ständeordnung. Auslöser ist die kirchliche Neuordnung durch *Gregor VII.*, den einstigen Mönch Hildebrand, im 11. Jahrhundert. Unter der Parole von der "libertas ecclesiae", der Kirchenfreiheit, dringt er auf reinliche Scheidung zwischen kirchlichem und weltlich-staatlichem Bereich. Dabei hat selbstverständlich der Papst als Leiter des ersten auch die absolute Oberhoheit über den zweiten; der "Dictatus papae" läßt da Zweifeln keinen Spalt Raum. Was nun die Laien angeht, so wird damit nicht lediglich aus der Grenze eine Mauer, die Laien werden vertrieben aus dem geistlichen Raum, überdies nur mehr auf die Welt als ihr Tätigkeitsfeld verwiesen, also geistlich betrachtet auf den unvollkommenen und nur konzessionshalber als christlich betrachteten Bereich. *Humbert von Silva Candida*, einer der Protagonisten der gregorianischen Reform, schreibt klipp und klar: "Die Laien sollen nur ihre Dinge, nämlich das Weltliche, die Kleriker nur die ihren, nämlich die kirchlich-geistlichen betreiben. Wie Kleriker nichts Weltliches, so sollen die Laien nichts Kirchliches sich anmaßen"[7]. Seitdem hört man bis zur Stunde immer wieder, das Proprium der Laien sei ihr konstitutiver Weltbezug[8]. Die Schei-

---

[6] Vgl. dazu die Canones, die Anm. 21 f. genannt werden!
[7] Zitiert nach Neuner, Laie 67.
[8] Vgl. E. Braunbeck, Weltcharakter.

dung war freilich nicht sauber vollziehbar. Da sich der Klerus das schlußendliche Entscheidungsrecht im weltlichen Bereich vorbehalten hatte und in den geistlichen Territorien auch ganz offiziell weltliche Gewalt ausübte, erhebt sich unweigerlich das Machtproblem und mit dem Machtproblem der Machtstreit und die Machtangst. Den ersten bezeugt das berühmte Initium der Bulle "Clericis laicos" *Bonifaz VIII.* von 1296 über die altbekannte Bitterfeindschaft der Laien zum Klerus[9], für die zweite stehe ein Wort des englischen Klerikers *Walter Map* (+ um 1209). Sein Thema ist - der Streit darum ist mithin auch nicht erst von gestern - der Drang zur Laienpredigt. Er ist streng dagegen nach dem Motiv "Wo kämen wir da hin". *"Humillimo nunc incipiunt modo, quod pedem inferre nequeunt, quod si admiserimus, expellemur"*[10]: Jetzt schleichen sich die Laien mit schüchterner Demut heran, als ob sie kaum einen Fuß in die Tür brächten; wenn wir sie aber herein lassen, schmeißen sie uns hinaus. Damit so etwas nicht passiert, wird 1184 die Laienpredigt nicht einfach verboten, sondern als Ketzerei, als Glaubensabweichung verurteilt.
Der sechste Schritt vollzieht sich in der Gegenreformation des 16. Jahrhunderts. "Gottes vergessenes Volk", wie *André Vauchez* die Laien im Mittelalter apostrophiert[11], hatte sich zwischen dem 12. und 14. Jahrhundert immer wieder zu Wort gemeldet, lautstark und unbequem für die Kleriker wie in den Amutsbewegungen und der unter dem Stichwort von der *vita apostolica* laufenden Kritik an ihnen, hilfreich für sie wie in den Kreuzzügen, sogar von ihnen theoretisch gefördert in der Figur des "laicus religiosus", des Welt-Christen, der das Evangelium eben dort zu leben unternahm. Spätestens mit dem 15. Jahrhundert setzt sich die gregorianische Linie endgültig durch. Als ihr gegenüber *Martin Luther* den Amtsabsolutismus durch die Rückbesinnung auf den priesterlichen Charakter aller Gläubigen, den er in der Bibel fand, korrigieren, also mitnichten das Amt (wohl freilich die Hierarchie der Ämter) abschaffen wollte, sah sich das *Konzil von Trient* zur Reaktion genötigt. Ursprünglich sollte das innerhalb einer Gesamtekklesiologie geschehen. Mangels ausreichender theologischer Vorarbeiten war das unmöglich. Unmöglich war aus gleichem Grund die Konzeption einer vollständigen Ämterlehre. So zog man sich, wie auch bei anderen Lehrkomplexen, auf die Verteidigung der spätmittelalterlichen Doktrin zurück. Diese Strategie verzichtete logischerweise auf die Wiederholung des Unbestrittenen, um mit desto größerer Schärfe das Angegriffene zu bekräftigen, in unserem Falle also die Hoch-Würdigkeit des Amtspriestertums[12]. Wie auch bei den anderen

---

9 Mirbt/Aland Nr. 743, deutsch nach P. Neuner (Hg.), Ekklesiologie (Anm. 3), Nr. 78.

10 De nugis (ed James 61).

11 A. Vauchez, Gottes vergessenes Volk. Die Laien im Mittelalter, Freiburg-Basel-Wien 1993.

12 "Lehre und Kanones über das Sakrament der Weihe" (1563): DH 1763-1778. Vgl. auch den "Catechismus Romanus", der die Konzilsbeschlüsse für die Pfarrerschaft

Lehrkomplexen erlitt das Konzil auch in dieser Materie das Schicksal des großen Mißverständnisses: Seine Aussagen wurden als in jeder Hinsicht vollkommene Darstellung des katholischen Glaubensgutes angesehen. Was Trient nicht gesagt hatte, war auch nicht katholisch. Damit war der ausgeprägte traditionelle Klerikalismus bzw. die Abwertung der laikalen Lebensform Ausdruck des wahren Glaubens. Ein getreuer Spiegel dieses Sazerdotalismus ist die Feier der Primiz mit ihrer Überhöhung des Priesterbildes, zu deren nachtridentinischer Gestalt 1997 *Winfried Haunerland* eine umfassende Studie vorgelegt hat[13].

In der Folgezeit geht die Kirche auf dieser Bahn unbeirrt weiter. Als Schritt Nummer sieben kann die ausdrückliche Proklamation der Kirche als Gesellschaft von Ungleichen gezählt werden.Sie muß auf dem Hintergrund der Zeit gesehen und gewürdigt werden. Seit der Antike sind die Menschen überzeugt, daß die menschliche Gesellschaft ein Abbild der kosmischen Ordnung und mithin wie diese unveränderlich und hierarchisch strukturiert ist als System von Ständen mit exakt umrissener Position des Individuums. Je mehr es sich in der Neuzeit als konterkariert durch die Fakten herausstellte, um so heftiger suchte man es, wie auf seine Weise und seinem Gebiet das tridentinische Konzil schon, zu schützen und zu verteidigen. Die Neuzeit ist darum nicht nur von der Fortschrittsideologie bestimmt, sondern ebenso von einem fundamentalistischen Denken. Der ihm eigene Dualismus wird auf die Gesellschaft übertragen. Ihre Mitglieder werden in zwei absolut hierarchisch bestimmte Kategorien erschöpfend eingeteilt - wie in Männer und Frauen, Väter und Kinder, Herren und Knechte, Adlige und Bürger so eben auch in Kleriker und Laien. Wehe, wer das ändern will: "Wann der Bauer will Herr seyn, der Unterthan der Obrigkeit befehlen/ das Weib die Hosen anziehen/ den Mann regieren will/ dann muß nothwendiger Weiß alles unordentlich gehen und Schaden erfolgen", lesen wir in einer erbaulichen Schrift des endenden 17. Jahrhunderts[14]. Es liegt ganz in dieser Linie, wenn das Kirchenschema des Ersten Vatikanischen Konzils lehrt: "Die Kirche ist jedoch nicht eine Gesellschaft von Gleichgestellten, in der alle Gläubigen die gleichen Rechte besäßen. Sie ist eine Gesellschaft von Ungleichen, und das nicht nur, weil unter den Gläubigen die einen Kleriker und die andern Laien sind, sondern vor allem deshalb, weil es in der Kirche eine von Gott verliehene Vollmacht gibt, die den einen zum Heiligen, Lehren und Leiten gegeben ist, den andern nicht"[15]. Der Text erlangte zwar keine offizielle Geltungskraft, doch

---

aufbereiten wollte: Er stellt 2,7,2 die Priester den Engeln gleich; man kann sie auch Götter nennen

13 Die Primiz. Studien zu ihrer Feier in der lateinischen Kirche Europas (= Studien z. Pastoralliturgie 13), Regensburg 1997. Besonders aufschlußreich ist der Abschnitt über die Primizpredigt 331-368.

14 Donatus v. Passau, Triumphus Temporis Evangelici, Sulzbach 1695, hier zit. nach P. Münch, Lebenformen in der Frühen Neuzeit, 1500-1800, Berlin 1998, 60.

15 Nr. 394.

sein Inhalt ist selbstverständliche Anschauung der Kirche; das zeigt das Kirchenrecht von 1917, ein eindeutiges Klerikerrecht, innerhalb dessen den Laien, der Herde, nur verstattet war, sich geistlich im Gehorsam von der herrschenden Schicht der Hirten versorgen zu lassen.
Ein achter Schritt in die gleiche Richtung schien nun undenkbar, die ständische Ordnung am Ziel angekommen zu sein. Erstaunlicherweise gab es aber jetzt ein retardierendes Moment, das, noch erstaunlicher, die Hirten selber verursacht hatten. Um ein gutes Herdenmitglied zu sein, muß man erst einmal ein braves Schaf werden. Überall in Europa wie auch in den USA gab es nach dem Konzil von 1870 Laien, die sich diesem Status nicht mehr bequemen wollten, weil sie es um der Kirche willen nicht zu können glaubten. Anlaß war die aufgrund der Ablehnung der europäischen Aufklärung einsetzende Abschottung der Kleruskirche von der modernen Welt, am deutlichsten manifestiert im Syllabus *Pius IX.* von 1864 und der Antimodernismus-Enzyklika "Pascendi", 1907 von *Pius X.* erlassen. In Deutschland verlangt *Ignaz von Döllinger* die Mitsprache der Laien bei päpstlichen Entscheidungen; in Frankreich fordert der "Sillon" um *Marc Sagnier* die Übernahme demokratischer Ideale in der Kirche; in Italien sucht *Romolo Murri*, Gründer der "Democrazia cristiana italiana", Sozialismus und Demokratie zu versöhnen; in den Vereinigten Staaten mahnt eine eigenständige Laienverantwortung *Issak Hecker* als Voraussetzung für ein erfolgreiches Apostoalt an ("Amerikanismus" nannte das *Leo XIII.* mißbilligend). Schon vor dem Konzil hatten eine theologische Revision des herkömmlichen Bildes in unserem Land *Johann Adam* Möhler, in Großbritannien *John Henry Newman* ins Werk gesetzt; der spätere Kardinal betonte mit Verweis auf die frühe Kirchengeschichte die erkenntnistheoretische Bedeutung des Glaubenssinnes der Gläubigen als Bezeugungsinstanz und theologische Quelle. Alle diese Vorstöße erfuhren römische Verurteilung, bis unter dem Pontifikat *Pius XI.* (+1939) die Idee der "Katholischen Aktion" geboren wurde: Laienaktivitäten ja, aber in reiner Exekution der hierarchischen Direktiven. Per Saldo änderte sich nicht das Mindeste an der jahrtausendalten Marschzahl. Die Laien haben nach wie vor keine eigenständige und aus sich selber bestimmbare Existenz, sondern sind Funktion der Definition von Klerus. "Laien: siehe Clerus", textete denn in vollkommener Entsprechung zur offiziellen Lehre "Kirchenlexikon" von Wetzer und Welte[16]. Die Kirche hatte wieder Fuß gefaßt.

3. Vorsicht: Sackgasse

Das *Zweite Vatikanische* Konzil schien erst einmal zu Unsicherheiten, ja zum Straucheln auf dem Weg zu führen. Am Anfang steht eigenartigerweise Papst *Pius XII.*, dem man solche Beirrungen nicht zutraut. Aber 1946 distanzierte er sich ausdrücklich vom Prinzip der "Katholischen Aktion" des

---

[16] H. Wetzer/B. Welte (Hg.), Kirchenlexikon, Freiburg ²1891, 7, 1323.

Vorgängers: Für die Laien, meinte er nun, "ist die Kirche das Lebensprinzip der menschlichen Gesellschaft. Darum sollen sie, gerade sie, immer klarer das Bewußtsein haben: Wir gehören nicht nur zur Kirche, wir sind Kirche"[17]. 1953 legte der französische Dominikaner *Yves Congar* (+1995) ein bald 700 Seiten starkes Monumentalwerk mit dem Titel vor: "Jalons pour une théologie du laicat"[18]. Äußerst behutsam, aber deutlich zeigt er die Verengungen des traditionellen Laienbegriffs auf. Beide Verlautbarungen haben das Zweite Konzil im Vatikan beeinflußt, je auf ihre eigene Weise.
Es ist schon oft genug gesagt worden, daß diese Bischofsversammlung eine zwiespältige Hinterlassenschaft gezeitigt hat. Sie ist verursacht durch die unausgeglichene Nebeneinanderstellung der zwar auf die Kirchenväter zurückgehenden, aber seither vergessenen Idee der Communio und des traditionsreichen Ordo-Gedankens in der Ekklesiologie. Das hatte Konsequenzen auch in der Klerus-Laien-Problematik. Auf der einen Seite ruft das Konzil verschiedene Theologumena auf, die in Konsequenz zur Aufhebung des ständischen Gedankens führen mußten:

* Aus der Priorität des Geheimnischarakters der Kirche folgt die Nachrangigkeit des Institutionellen;
* aus der mit der Idee der Gemeinschaft (communio) verbundenen Gleichheit der Kirchenglieder ergibt sich die Nachrangigkeit der Ständegliederung;
* aus der ekklesiologischen Leitvorstellung vom Gottesvolk resultiert die Nachrangigkeit der Hierarchie, sofern alle Getauften am dreifachen Christusamt Anteil besitzen;
* aus der Betonung der Brüderlichkeit läßt sich die Nachrangigkeit der strukturellen Unterschiede der Kirchenmitglieder eruieren;
* aus der Lehre vom allgemeinen Geistbesitz und der Erkenntnisquelle Glaubenssinn ist die Nachrangigkeit der Weihe für kirchliche Funktionen ableitbar.

Aber alle diese immanenten Konsequenzen werden nicht gezogen, wenn es zum Schwur kommt; dann siegt wieder die Stände-Ideologie. Das zeigt sich z.B. im grundlegenden Dokument "Lumen gentium" über die Kirche am Fehlen einer positiven Definition des Laien (Nr. 31), an der scharfen Trennung zwischen der Welt als Laienbereich und der Kirche als Betätigungsort der Kleriker (Nrr. 31; 36), an der "weitgehenden Verhältnislosigkeit zwischen dem fundamentalen 2. Kapitel vom 'Volk Gottes' und dem unberührt und unvermittelt anschließenden 3.Kapitel über die Hierarchie, den päpstlichen Primat und das Bischofskollegium"[19].

---

[17] AAS 38 (1946) 143f. Vgl. 149.

[18] Paris 1953. Deutsch: Der Laie, Stuttgart ^{3}1964.

[19] D. Wiederkehr, Sensus vor Consensus: auf dem Weg zu einem partizipativen Glauben - Reflexionen einer Wahrheitspolitik: ders. (Hg.), Der Glaubenssinn des Gottesvolkes - Konkurrenz oder Partner des Lehramts? (= Qd 151), Freiburg-Basel-Wien 1994, 182.

Wird II,12 als Träger der Unfehlbarkeit die Gesamtheit der Gläubigen ausgemacht, müssen eben diese Gläubigen nach III,25 "mit einem im Namen Christi vorgetragenen Spruch ihres Bischofs in Glaubens- und Sittensachen übereinkommen und ihm mit religiös gegründetem Gehorsam anhangen. Dieser religiöse Gehorsam des Willens und Verstandes ist in besonderer Weise dem authentischen Lehramt des Bischofs von Rom, auch wenn er nicht kraft höchster Lehrautorität spricht, zu leisten...". Mißverständlich ist vornehmlich der quasi-definitorische Satz LG 10, wonach sich das gemeinsame Priestertum aller Glaubenden und das hierarchische Priestertum *essentia, non tantum gradu* (dem Wesen, nicht bloß dem Grade nach) unterscheiden. Er will zufolge allgemeiner Interpretation gerade sagen, daß der Weihepriester wegen seiner Ordination nicht ein Super-Christ, eine Hochform allgemeinen Christseins ist, sondern dank der Weihe eine ebenso vom Laien unableitbare Aufgabe besitzt wie der Laie wegen deren Fehlens nicht bloß der verlängerte Arm der Hierarchie ist. Der Wortlaut freilich läßt an eine ontologische Differenz denken.

Hinterließ das Zweite Vatikanische Konzil insgesamt in der Laienthematik einen zwiespältigen Eindruck, so suchte die Kirchenleitung in der Folgezeit nach der Kirchenversammlung alle Zweifel an einer Richtungsänderung rigoros auszuräumen. Wir begnügen uns mit der Nennung der Daten. Das 1983 als Frucht des Konzils dekretierte neue Kirchenrecht bekräftigt die Existenz von zwei Ständen in der Glaubensgemeinschaft; wieder werden die Laien als die Restkirche von den Amtsträgern her, d.h. wieder negativ bestimmt[20]. Es gibt einen Katalog der "Pflichten und Rechte aller Gläubigen"[21], gefolgt von einem solchen der "Pflichten und Rechte der Laien"[22], aber dieser enthält teils Selbstverständlichkeiten wie das Erzichungsrecht, teils trifft er auch für Kleriker zu wie das Zeugnis für das Evangelium. Die Bischofssynode von 1987 über "Berufung und Sendung der Laien in Kirche und Welt", wie auch das nachsynodale päpstliche Dokument "Christifideles laici" des Folgejahres bleiben im Rahmen des Konzils. Inzwischen war durch die Feministische Theologie das Thema Frau ins Blickfeld des Lehramtes gerückt: Es gab sich redlich Mühe, die Gleichwertigkeit und Gleichberechtigung der Frau zu rezipieren. Schnell war jedoch die Grenze dort erreicht, wo man daraus die Konsequenz der Ordination zum geistlichen Amt in irgend einer seiner Stufen - auch des historisch nicht so problematischen Diakonates - ableiten wollte. Endgültig Tritt gefaßt hat das kirchliche Amt dann wieder in der bereits erwähnten Instruktion von 1997. Es sei offengelassen, ob es über die sieben Schritte hinaus doch einen achten signalisiert.

Die Diskussion in der Kirche seit dem Konzil und nicht zuletzt in der Reaktion auf das zuletzt genannte jüngste Dokument des Vatikans ist außeror-

---

20 Vgl. z.B. Can. 207 § 1 CIC/1983.

21 Cann. 208-223.

22 Cann. 224-231.

dentlich lebhaft und nicht immer frei von Schärfe gewesen. Sie kann nicht näherungsweise repetiert werden. Auslösendes Moment waren aber nicht nur die theologischen Voraussetzungen, Einschlüsse und Folgen der offiziellen Verlautbarungen und die wachsende Einsicht in die vielen historischen Bedingtheiten der dort zugrundegelegten Doktrin, sondern ebenso die zu Anfang unserer Überlegungen erinnerte Personalsituation und nicht an letzter Stelle die dadurch veranlaßten Fakten. Summa summarum zeigte sich, daß der lange Weg der Stände-Ekklesiologie in eine Aporie geführt hatte und nun das Ende der Sackgasse erreicht zu sein schien. Das mag, zum anderen Male auszugsweise nur, nachgewiesen werden:
Wenn die Kirche als ganze und damit doch wohl in allen ihren Gliedern als Heilssakrament einen Weltauftrag hat, kann dieser nicht einer bestimmten Gruppe delegiert werden. Christsein ist stets identisch mit "in der Welt sein"[23]. Denkbar sind freilich Schwerpunktsetzungen, aber auch diese lassen sich nicht klinisch sauber verteilen. Man denke an einen nebenberuflich tätigen verheirateten Ständigen Diakon: Gemäß der Stände- Ekklesiologie ist er Kleriker, also "geistlich", faktisch aber ist er durch Ehe, Familie und bürgerlichen Beruf nachhaltigst geprägt, Laie also?[24]

* Das führt schon zur zweiten Schwierigkeit. Ein Pastoralassistent ist dem Status nach unbestreitbar Laie; nach geltendem Recht ist die weibliche Form, die Pastoralassistentin, sogar notwendig und unüberschreitbar Laienchristin, da gar nicht ordinierbar. Beide üben aber tatsächlich Tätigkeiten aus, die vordem Priestern reserviert waren bis hin zur Gemeindeleitung (zwar nicht unbedingt de iure, aber doch de facto) und welche eindeutig innenkirchlicher, geistlicher Natur und nicht weltbezogen sind - Geistliche sind sie also?[25]

* Ein weiteres Fragefeld öffnet sich von der Dogmatischen Prinzipienlehre aus. Nach "Lumen gentium" haben wie die Kleriker "auch die Laien" Anteil am priesterlichen, prophetischen und königlichen Amt Christi[26] - *auch*, aber immerhin und dann wohl real. Die traditionelle Ausschreibung dieses *auch* bemühte sich (ein Beispiel steht weiter oben), es entweder doch im Sinne einer bloßen Metaphorik zu interpretieren oder in Selbstverständlichkeiten dingfest zu machen, die ebensogut auf den Kleriker passen. Nimmt man diese Teilhabe jedoch ernst und als wirklich gegeben, dann kann die mit der Stände-Ideologie verbundene Gewaltenaufteilung nicht mehr strikt aufrecht erhalten werden. Dann ist es prinzipiell denkbar, daß fördernde Impulse et-

---

23 LG 33,2 heißt es: "Das Apostolat der Laien ist Teilnahme an der Heilssendung der Kirche selbst". Diese ist aber nach LG 1 (vgl. das Zitat zu Anm. 1) eine kosmische, die ganze Menschheit (und ihre Welt) einbeziehende Aufgabe.

24 E. Schillebeeckx, Die typologische Definition des christlichen Laien nach dem Zweiten Vatikanischen Konzil: ders., Gott, Kirche, Welt. Gesammelte Schriften II, Mainz 1970, 40-161.

25 Vgl. die Werke von Braunbeck, Karrer und Loretan: Anm. 1.

26 LG 34,35,36.

wa auf die Lehrentwicklung und Lehrinterpretation von den Laien und nicht vom Lehramt ausgehen - was tatsächlich bei den beiden "neuen" Mariendogmen von 1854 bzw. 1950 passiert ist - oder umgekehrt Blockaden falscher Ansichten gegen das Lehramt durch die Laien erfolgen - was nach Newman in den arianischen Wirren sich ereignet hat. Das wirkliche Kirchenleben ist offensichtlich ein Gefüge wechselseitiger Rezeptionsvorgänge, die mit dem Schema von der hörenden und lehrenden Kirche nicht adäquat erfaßt werden können[27].

* Ein viertes und letztes Problem sei vorgelegt. Ein wichtiger Unterscheidungsgrund der Stände-Aufteilung war, wie erinnerlich, die Spiritualität gewesen. Kleriker haben sie, Laien als Welt- und Ehemenschen nicht. Das geistliche Ideal war auf dieser Schiene der Mönch, der "homo spiritualis" schlankweg, der die drei sogenannten evangelischen Räte von Armut, Ehelosigkeit und Gehorsam abstrichlos zu verwirklichen suchte. Diesem Ideal suchten alle anderen Christen nachzueifern - was dem Kleriker so praeterpropter gelingen mochte, dem Weltchristen aber durch seine Lebensweise schlicht verschlossen blieb. Doch liegt dem nicht eine ziemlich verkürzte Theologie zugrunde, die aus einem rigorosen Dualismus zwischen Schöpfungs- und Erlösungsordnung gespeist ist? Hat nicht die Welt in sich als Schöpfung und erst recht in der nachösterlichen Heilsgeschichte als erlöster Kosmos einen autonomen geistlichen Wert? Ist Weltzuwendung dann nicht in jeder Form und durch jedweden (laikalen oder klerikalen) Vollzug bereits Vollzug geistlicher Existenz? Dann kann jedoch nicht mehr Spiritualität "als solche" das Unterscheidungsmerkmal zwischen Klerikern und Laien sein, sondern allenfalls diese oder jene Form geistlichen Lebens.

In alledem und hinter alledem zeichnet sich ein Grundproblem ab, das uns nicht zufällig auf Schritt und Tritt in der neuzeitlichen Ekklesiologie begegnet: Was ist eigentlich ein Laie? Ist die Laienschar nur Unter-Leib im Gefüge des ekklesialen Corpus Christi mysticum oder sind die Laien doch Würden-Träger im Volke Gottes, weil dessen Glieder und darum wie alle seine Glieder? Nach 200 Seiten höchst anregender und informativer Untersuchung der Gesamtproblematik resigniert *Peter Neuner:* "Ein Überblick über die historische wie systematische Behandlung des Laien zeigt gewisse durchlaufende Entwicklungstendenzen und offenbart Konstanten der Argumentation. Aber die Grundfrage, was denn nun eigentlich der Laie sei, bleibt letztlich offen und ohne Antwort"[28].

Das ist nach so langer und so intensiver und so intelligenter Befassung mit dem Thema - immerhin 1900 Jahre - so erstaunlich, daß man eigentlich nur einen Schluß ziehen kann: Die Grundfrage bleibt ohne Antwort, weil sie falsch gestellt und damit unbeantwortbar ist. Sie hat die Kirche in ein *Gäß-*

---

[27] Vgl. W. Beinert (Hg.), Glaube als Zustimmung. Zur Interpretation kirchlicher Rezeptionsvorgänge (= Qd 131), Freiburg-Basel-Wien 1991.

[28] Laie 212.

chen ohne End - so heißt eine einschlägige Straße im mittelalterlichen Regensburg - hineinmanövriert, aus dem wir endlich herauskommen müssen. Die Stände-Ekklesiologie ist eine Ideologie, aber keine Theologie.

Das sieht wie eine überaus gewagte Behauptung aus. Sie steht gegen eine unvordenkliche Tradition. Das ist richtig. Steht sie aber auch gegen die Tradition des Evangeliums oder bloß gegen menschlich Überkommenes, geschichtlich Bedingtes und Zeitgebundenes? Der historische Rückblick läßt durchaus diesen Verdacht wach werden. Antwort kann uns aber verbindlich nur die Heilige Schrift als Urkunde und verbindliche Norm christlichen Glaubens liefern. Es ist hoch an der Zeit, daß wir sie konsultieren.

4. "Am Anfang, aber war das nicht so" (Mt 19.8)

So spricht Jesus zu seinen Gegnern, den Pharisäern, als sie wider das Scheidungsverbot auf die scheinbar laxere mosaische Tradition hin Berufung einlegen. Diese beruht auf dem Kompromiß des Gesetzgebers mit der "Hartherzigkeit", der Herzenssklerose (sklerokardia) des Bundesvolkes. Der ursprüngliche Wille Gottes, die von ihm intendierte Verfahrensweise ist eine andere. Man kann dieses Wort getrost für die hier verhandelten Fragen adaptieren. Wer das Neue Testament daraufhin untersucht, wird zwar eine Gemeindestruktur finden, er wird Differenzierungen der Aufgaben feststellen, er wird eine anfanghafte Amts- und Ämtertheologie destillieren können, er wird eine Menge von Rangstreitigkeiten in den Ortskirchen beobachten - eine in Kleriker und Laien hierarchisch unterteilte Gemeinde begegnet ihm an keiner Stelle. Am Anfang gab es wirklich das Problem nicht, das Theologie und Kirchenleitung nun schon seit Jahrhunderten umtreibt und endlich in die Ausweglosigkeit geführt zu haben scheint. Es ist im Grunde zwar schon eines der Alten, aber nicht der frühen Kirche des Neuen Testamentes. Erst seit dem 3. Jahrhundert wird es virulent.

Der Grund für das Fehlen in der ersten Zeit liegt in einer ausgewogeneren und, wenn man so sagen kann, wesentlich theologischeren Lehre über die Kirche als sie später gepflegt wurde. Man kann das an dem Begriff erläutern, der dem Terminus Laie zugrundeliegt. Das griechische Wort *laós,* aus dem sich das Adjektiv laikós und das deutsche Substantiv herleitet, heißt im Profangebrauch einfach *Menge, die Leute*. In der Septuaginta, der griechischen Übersetzung des Alten Testamentes wird es auch so verwendet, erhält aber darüber hinaus eine neue Bedeutung: Es bezeichnet das Volk Gottes im Gegensatz zu den anderen, d.h. nicht dem Bund Gottes zugehörigen Nationen, die als ethne bezeichnet werden. Diese spezifische Konnotation spielt (neben den anderen unspezifischen Verwendungen, die auch und zwar häufig vorkommen) im Neuen Testament dort eine besondere Rolle, wo es um die differenzierende Qualität der Kirche gegenüber dem bisherigen Bundesvolk geht. Dieses ist umschrieben durch Rasse, Kult, Beschneidung, Gesetz und Gesetzesgelehrtheit. Damit aber sind Sonderungen vieler Art gegeben - nach außen zu den "Nationen", nach innen zwischen Männern (beschneidungsfähig) und Frauen (sie sind das nicht), Gesetzeslehrern und Ungebildeten. In der prophetischen Tradition waren diese Begrenzungen jedoch bereits als vorläufig angemeldet: In der messianischen Zeit würden sie wegfallen. Das Gesetz wird dann nicht mehr in Tafeln, sondern in die Herzen eingeschrieben sein, und alle, klein und groß, so Jeremia, werden Gottesvolk und Gotteskenner sein (vgl. 31,31-34). Am deutlichsten wird die neue Zeit beschrieben im Buche des Propheten Joel. "Jeder, der den Namen des Herrn anruft, wird gerettet" (3,5). Es war daher für die Jesusjünger um Petrus sonnenklar, daß diese Epoche angebrochen ist, als sie am ersten Pfingsttag erlebten: "Alle wurden mit dem Heiligen Geist erfüllt und begannen in fremden Sprachen zu reden, wie es der Geist ihnen eingab" (Apg 2,4). Folgerichtig zitiert der Erstapostel die entscheidenden Sätze aus Joel: "Ich werde von meinen Geist ausgießen über alles Fleisch. Eure Söhne und eure Töchter werden Propheten sein, eure jungen Männer werden Visionen haben, und eure Alten werden Träume haben. Auch über meine Knechte und Mägde werde ich von meinem Geist ausgießen in jenen Tagen und sie werden Propheten sein" (Apg 2,17-19 = Joel 3,1-3; die paulinische Version des Faktums: Gal 2,26-28). Es gibt also zwar nach wie vor alle möglichen Unterschiede; keiner wird in sich beseitigt - Männer werden keine Frauen, die Alten nicht jung, die Knechte nicht Herren. Doch sie haben innerhalb des neuen Volkes Gottes, das sich da herausbildet, absolut keine begrenzende oder hierarchisierende Funktion. Ganz im Gegenteil: Sie bringen - später wird man von der *Katholizität* der Kirche reden - das je Andere ins Ganze ein, das auf diese Weise zur Vollkommenheit und Fülle gelangt - das Männliche, das Weibliche, die Jugendlichkeit, die Altersreife, die Berufserfahrung wird die Form sein, in der die Prophetie sich artikuliert. Sicher gibt es noch Scheidemarkierungen. Auch nach Pfingsten ist nicht alles gleich gültig und damit im Grunde gleichgültig; aber diese Markierungen verlaufen nicht mehr innerhalb der Kirche - da sind alle "Laien", Volks-Genossen -, sondern sie machen deutlich, wer Kirchenmitglied ist und wer nicht. Innerhalb der Kirche sind in Umsetzung der unermüdlichen Mahnungen Jesu alle Geschwister und deswegen gleichen Rechtes, gleicher Würde, gleichen Ranges, wenn auch nicht - es sei nochmals hervorgehoben - mit gleichen Aufgaben und Anlagen versehen. Die Kirche ist, so ein anderes wichtiges, wenn auch quantitativ nicht besonders gängiges biblisches Schema, in Christus eine Freundesgemeinschaft; und das ist in der antiken Freundschaftslehre ebenfalls Ausdruck der Einheit und Gleichrangigkeit[29]. "Bei euch", also unter den Jüngern Jesu, "soll es nicht so sein" wie außerhalb der Gemeinde, wo allenthalben Machtstrukturen errichtet und behauptet werden, sondern da gilt das

---

[29] K. Schäfer, Gemeinde als "Bruderschaft"; W. Beinert, Die Kirche Jesu Christi als Freundesgemeinschaft - eine Utopie?: G. Koch (Hrsg.), Dimensionen der Freundschaft. Oder: Wider den Egotrip, Würzburg 1998.

umgekehrte Gesetz: "Wer bei euch groß sein will, der soll euer Diener sein" (vgl. Mk 10, 42-45).
So bleibt als entscheidende Trennungslinie die Berufung zum Gottesvolk in Jesus Christus. Weil sie das herausragende Positivum ist, können die Realitäten jenseits der Linie nur Negativa sein. Der absolut positive und in seiner Positivität nicht mehr einholbare Grundtitel ist dann aber für den Berufenen *laikós* - und ihn erwirbt man durch den Glauben, die Eingliederung ins Gottesvolk (durch die Taufe), die Annahme des Christusevangeliums, die Begabung durch das Pneuma. Die Grenzmarkierung verläuft mithin in folgender Weise:

Volk Gottes	Nicht-Volk Gottes
Gläubige	Nicht-Glaubende
Christen	Nicht-Christen
Geisterfüllte	Nicht-Geisterfüllte

Die vierte Angabe nun gibt den letztentscheidenden Grund an für die "Laizität" der Christen und die "Nicht-Laizität" der anderen Menschen. Der Heilige Geist ist es, der auf der einen Seite entsprechend der Joel-Prophetie alle inneren Unterscheidungen abgesehen von ihrem Wert für die Katholizität des Gottesvolkes bedeutungslos macht, der aber auf der anderen Seite die entscheidende Definitionsgrundlage gegenüber dem Nicht-Volk liefert. Mit Recht hat die Theologie seit den Zeiten der Kirchenväter daher in der pfingstlichen Geistsendung den eigentlichen Geburtstag der Kirche Christi und in der Petrusrede (und damit in der Joelprophetie) deren Gründungsurkunde erkannt. Die Konstitution "Lumen gentium" hat, wie die entsprechende Anmerkung ausweist, nur die Ergebnisse der traditionellen Reflexion zusammengefaßt, wenn sie (aus dem Text ist die Überschrift unserer Ausführungen genommen) erklärt: Christus gab "uns von seinem Geist, der als der eine und gleiche im Haupt und in den Gliedern wohnt und den ganzen Leib so lebendig macht, eint und bewegt, daß die heiligen Väter sein Wirken vergleichen konnten mit der Aufgabe, die das Lebensprinzip - die Seele - im menschlichen Leibe erfüllt"[30]. Dahinter steht die Feststellung des Apostels Paulus: "In einem Geist sind wir alle getauft in einen Leib hinein" (1 Kor 12, 13).
Wir müssen zur Kenntnis nehmen: Im Neuen Testament gibt es kein Fundament für eine Grundunterscheidung innerhalb der Kirche, vor allem nicht eine solche, die hierarchisierende Folgen hätte. In der Gemeinde, die sich auf Pfingsten beruft, gibt es nur "Laien"; wer ein solcher nicht ist, ist auch kein Gemeindeglied. Er steht außerhalb. Wir müssen freilich ebenso zur Kenntnis nehmen, was wir schon kurz angedeutet haben: In der pfingstgeborenen Kirche haben die "Laien" sehr unterschiedliche Aufgaben. Das Got-

---

[30] LG 7.

tesvolk ist kein anarchischer Haufen; es hat Strukturen. Sie ergeben sich und stehen in Beziehung zu den Aufgaben, die es bekommen hat, nämlich das Christusevangelium laut Mt 28,18-20 bis an der Erde Grenzen zu verkünden. Die strukturierenden Momente heißen bei Paulus in dem vom Konzil erwähnten Kapitel 12 aus dem 1. Korintherbrief *Charismen* (Gnadengaben); im einzelnen dienen sie der Verkündigung unmittelbar wie die Charismen der Apostel, Lehrer und Propheten oder der Gemeindeorganisation wie die Charismen des Ordnens, Leitens und Vorstehens oder der Caritas wie die Gnadengaben des Helfens und Erbarmens oder auch der ekstatischen Erhebung (Zungenreden, Wundertätigkeit). Dabei ist es für Paulus ausgemacht, daß jeder Christ und jede Christin solche Charismen vom Geist empfangen hat, daß sie nach Zahl und Art nicht apriorisch festgelegt werden können, und endlich, daß sie nicht alle überall vorhanden sein müssen. Innerhalb dieser Strukturen gibt es dann durchaus Über- und Unterordnungen. Die Lehraufgabe ist wichtiger als Zungenreden. Doch weil sie gemäß der Erfordernisse des Gottesvolkes im einen und gleichen Geist gründen, begründen sie zwar entsprechend ihren jeweiligen Aufgaben fürs Ganze Autoritäts-, mitnichten jedoch Herrschaftsverhältnisse irgendwelcher Art[31]. Sie sind ihrem Wesen nach nicht quasi-ontologische Prägungen, die den Träger wesenhaft von anderen unterscheiden, sondern Funktionen für und innerhalb der Gesamtgemeinde am Ort und der Gesamtkirche in der Welt.
Das gilt auch für die Funktionen, deren Inhaber heute Amtsträger heißen und den Nichtamtsträgern, d.h. den Laien im herkömmlichen Sinn, gegenübergestellt werden. Nehmen wir als Beispiel die bischöfliche Verfassung der Kirche. Sie bildet sich bereits in der Spätzeit des Neuen Testamentes (Pastoralbriefe) und dann im 2. Jahrhundert vor allem aus der Abwehr der gnostischen Aggressionen heraus. Die Gnostiker huldigen einem massiven Spiritualismus und berufen sich dafür auf Arkanüberlieferungen, die nur sie besäßen, nicht die Großkirche. Diese reagiert durch den Aufruf zur Einheit, deren leibhaft-konkreter Repräsentant eben der Episkopos ist - das ist der Beitrag des *Ignatius von Antiochien;* sie reagiert ferner durch die Bindung der echten apostolischen Tradition an die apostolische Sukzession der Bischöfe - das ist der Kern des Kampfes bei *Irenäus von Lyon*. Der Bischof ist also noch lange nicht der allzuständige Ober-Hirt seines Sprengels, sondern die Verkörperung der Treue der Kirche zum echten Evangelium. Diese fragt also nicht: Was ist ein Bischof? So kann sie auch keine Theologie des Bischofsamtes entwerfen. Sie will wissen: Wie wird die Botschaft des Herrn weitergegeben? Sie merkt: Am besten durch einen Bischof. Daraus wird sich von selber im Lauf der Zeit eine genauere Umschreibung und so etwas wie eine Bischofstheologie ergeben, natürlich; aber sie darf den Ausgangspunkt nie vergessen: den *Dienst* des Bischofs für die Kirche.

---

[31] Näher zum Ganzen: W. Beinert, Amt-Tradition-Gehorsam, 25-56.

Paulus hat im schon aufgerufenen Text 1 Kor 12 (zuzüglich der Kapitel 13 und 14) das schon zu seiner Zeit geläufige Vergleichsbild vom Leib zur Illustration herangezogen. Dieser Leib wird ganz und gar begründet durch Christus, der das Leibeshaupt ist, aber diese Konstituierung selbst ist Werk seines Heiligen Geistes. Auch durch diesen Hinweis wird im Grund jede Standesdifferenzierung auf die Plätze verwiesen. *Nur* Christus ist wirklich Haupt; ihm gegenüber sind *alle* anderen Glieder gleicherweise in abhängiger Funktion. Nur der Geist ist Prinzip von Einheit und Verschiedenheit; alle anderen Glieder verdanken ihre Aufgabe und die allenfalls daraus folgende Bedeutung dem Pneuma. Man kann sich eigentlich alle eigenen Ausführungen und Erläuterungen ersparen. Es genügt, die gerade herangezogene Nr. 7 von "Lumen gentium" zu lesen: Dort steht eine klare und genaue Wiedergabe der neutestamentlichen Ekklesiologie hinsichtlich unseres Themas: Der Geist Christi bildet den Leib Christi (7,1); dieser ist eben als der eine Leib vielgestaltig und die Gestaltung richtet sich nach "den Erfordernissen der Dienste zum Nutzen der Kirche" (7,2). Wie immer wir uns drehen und wenden: Für eine kirchliche Ständeordnung geben die Perikopen allesamt nichts her. Warum ist sie aber dann doch entstanden in der weiter oben nachgezeichneten Schrittabfolge? Die Antwort wird außerdem andeuten, wie wir aus der Sackgasse herauskommen können, in die uns jene Schritte gebracht haben.

5. Pneumatologische Ekklesiologie als Gebot der Stunde

Das Identitätserlebnis der frühen Kirche ist ihre mysterienhafte Einheit im Gegenüber zur Nicht-Kirche, ausgedrückt in Vorstellungsschemata wie *Volk Gottes, Leib Christi, Tempel des Heiligen Geistes*. Als durch die trinitarische Einheit geeinte Gemeinschaft erhält sie innerhalb dieses Mysteriums - und wird dadurch selber Mysterium, lateinisch *sacramentum* - einen Welt-Auftrag: Sie soll den Kosmos in die Basileia Gottes, in seinen Herrschafts-Bereich der Liebe, einbeziehen. Entsprechend den sich daraus ergebenden Detail-Aufgaben bildet sich ihre Verfassungsstruktur, das ganze große Spektrum der Gnadengaben, die der Geist schenkt und in Einheit auf den Auftrag der Kirche hin zusammenhält. Diese ist also ganz "weltlich", weil sie ganz "geistlich" ist - ganz heißt sofort auch: Weil Geistherkunft und Welthinwendung jeden einzelnen Angehörigen des Gottesvolkes bestimmen und prägen. Man kann auch sagen: Weil dem so ist, ist jeder Laie ein Geistlicher und jeder Geistliche ein Laie. "Wir aber haben den Geist Christi", gibt Paulus als Abzeichen des Christen gegenüber allen anderen, den Nichtchristen mithin, an. Unter diesem Aspekt sind Binnendifferenzen in der Gemeinde vorhanden, eben weil die Glieder unterschiedliche Beiträge im Gesamtrahmen des einen und gemeinsamen Auftrags leisten müssen und leisten können. Darunter gibt es auch solche, die man später Amt nennen wird. Das schließt zwei Faktenkomplexe ein: Der Amtsträger ist auf Dauer und aufgrund eines bestimmten Auswahlverfahrens bestellt, anerkannt durch die

Gemeinde (z.B. durch einen Titel), finanziell und juristisch abgesichert, das ist das Erste; das Zweite: sein Lebensprojekt ist die Spezialisierung auf die Zurüstung der Gemeinde zum gemeinsamen Zeugnis vor allem durch die Katechese (im weitesten Sinn) und durch die Verwaltung der Sakramente als verdichteter Vergegenwärtigung des Mysteriums Kirche. Es unterliegt den jeweiligen Situationsbedürfnissen, in welcher Form und Weise sich das Amt konkret artikuliert. Das ist der Grund, weshalb sich uns im Neuen Testament zahlreiche Formen von Kirchenverfassung zeigen und weshalb, wir spielten darauf an, die monarchisch-episkopal bald besonders erfolgreich gewesen ist.

Je mehr allerdings die Grunddifferenz zwischen Gottesvolk und Nicht-Gottesvolk belanglos wird - beginnend mit der Konstantinischen Wende und in der mittelalterlichen Gleichsetzung von Kirche und Gesellschaft in der Idee von der *christianitas* und der *societas perfecta* zum absoluten Gipfel strebend -, um so mehr werden die einst irrelevanten charismatischen Differenzen bedeutungsvoll. Dafür bedient man sich zwar weiterhin der Leib-Metapher des Paulus, entkleidet sie aber der pneumatologischen Komponente. Aus dem "Bei euch soll es nicht so sein" des markinischen Jesus wird zufolge der Identifizierung von Kirche und Gesellschaft das mittelalterliche "Bei uns ist es genauso" - und alle Dualismen erscheinen in der Kirche. Der Mann ist mehr als die Frau, der Herr mehr als der Knecht, der Alte mehr als der Junge - und der Kleriker mehr als die Laienschar, als die Idioten, Analphabeten, Weltmenschen, Lebenslustigen, die Massenchristen[32]. Denn die Aufmerksamkeit richtet sich nicht mehr auf die Zuordnung der Glieder und deren durch den Hl. Geist als Seele gleicherweise vermittelte Vitalität, also auf die horizontale Struktur des Christusleibes, sondern mehr oder weniger exklusiv auf das vertikale Vermittlungsgeschehen selber: Wie kommt die Hauptesgnade in die Glieder? Wie wirkt Christus heute seinen Leib, die Kirche? Die inzwischen auch theologisch vollzogene Hierarchisierung und ständische Gliederung der Kirche ebenso wie die für den Westen charakteristische Ausblendung der Pneumatologie aus der Dogmatik wird damit *christomonistisch*, will sagen: allein christologisch begründet. Christus, lautet die Antwort, ist als der Erhöhte auf Erden gegenwärtig durch den Amtsträger, der folgerichtig als *vicarius Christi* zu titulieren ist; zunächst ist damit jeder Bischof gemeint, im Hochmittelalter (und heute noch[33]) restriktiv der Papst. Von ihm her gehen also alle Lebensströme in den Leib aus, wobei den Bischöfen noch eine besondere Kompetenz, in sehr abgeschwächter Weise auch deren Helfern, den Presbytern, sogar ein wenig noch den Diakonen zukommt, sonst aber niemandem. Nebenbei bemerkt: Es ist dann nur logisch, daß bei der Amtsbestellung genaue und hohe Zulassungsbedingun-

---

[32] Vgl. Y. Congar, Art. Laie I: LThK^2 6 (1961) 734 die Synonyma für “Laie”.
[33] Can. 331 CIC/1983.

gen artikuliert werden müssen, um die elitäre Sonderstellung des Amtes, seine Hochwürdigkeit hervorzuheben und abzusichern.
Damit ist nun zwangsläufig die allein entscheidende Scheidelinie benannt - sie verläuft zwischen dem klerikalen, durch die apostolische Sukzession (also durch die Weihe) ausgezeichneten Amt und der Restgemeinde, den Laien. Und der Geist? Er ist so sehr und so sehr bestimmend Gut des Amtes, daß dessen Träger zu den "Geistlichen" kat'exochen werden. Damit wird er aber faktisch von der Kirchen*seele*, die alle Organe vitalisiert, zu einem Kirchen*organ*, das im sichtbaren Haupt plaziert wird. Spiritualität bestimmt sich vom Amt her, nicht mehr wie bei Paulus originär von der Kirchengliedschaft selber.

6. Erneuerung aus dem Geist

Unser Titelzitat aus "Lumen gentium" hebt so an: "Damit wir aber in ihm *(Christus als dem Haupt der Kirche)* unablässig erneuert werden .... gab er uns von seinem Geist". Die langen historischen und theologischen Erörterungen haben uns zum Ergebnis geführt: Das Laienproblem ist ein Pseudoproblem; deswegen kann es auch nicht gelöst werden. Es beruht auf Konstellationen, die in erster Linie nicht theologisch, wohl aber geschichtlich bedingt sind, ja die gerade auf einem Ausfall an christlicher Theologie, auf dem pneumatologischen Defizit der abendländischen Ekklesiologie beruhen. Weil die im Begriff "Laie" angegegebene Differenzierung anstatt auf die Kirchenzugehörigkeit (Christ im Gegensatz zu den-Nicht-Christen) auf die Charismenausstattung der Kirchenzugehörigen (Nicht-Amtsträger im Gegensatz zu den Amtsträgern) bezogen wurde, mußte die Glaubensgemeinschaft in genau dem Augenblick in die Krise geführt werden, als sowohl die theologische Reflexion wie auch die Erforschung der historischen Konstellation sich dieses fundamentalen Fehlers bewußt wurden.
Was passiert ist, läßt sich an einem Vergleich ablesen. Die Unterscheidung *Laien - Klerus* - ist von gleicher Art wie die Unterscheidung *Deutsche Staatsbürger - Regierung der Bundesrepublik Deutschland.* Sie ist im Sinne einer vollständigen Disjunktion nicht angängig, weil auch die Regierung aus deutschen Staatsbürgern besteht, genauer: eine bestimmte Fraktion davon ist. Selbstredend ist damit nicht geleugnet, daß es eine Regierung gibt und daß sie eine bestimmte Aufgabe gegenüber den anderen Staatsbürgern besitzt. So gehören alle Christen dem Gottesvolk an und sind daher im ursprünglichen Sinn des Wortes Laien, auch die Amtsträger. Diese bilden eine qualifizierte Gruppe dieses Volkes. In dem Augenblick, wo dieser Umstand namhaft werden soll, können sie als solche bezeichnet werden, so wie die Regierungsmitglieder als solche tituliert werden. Doch ist weiter zu bedenken: Den *Deutschen Staatsbürgern* steht - sofern Staatsbürger - nicht die Regierung gegenüber, sondern alle Menschen, die keinen deutschen Paß haben *(Nicht-Deutsche Staatsbürger).* Ähnlich ist der Kontrastbegriff von Laie einfach *Nicht-Christ*, d.h. ein nicht dem Gottesvolk Angehörender. Damit

wird aber die bisherige Verwendung des Terminus *Laie* fragwürdig, sogar entbehrlich[34]. Er ist zumindestens kein binnenekklesiologisch aussagekräftiger Begriff mehr, so sehr er sich auch eingebürgert und so selbstverständlich er Verwendung in der traditionellen kirchlichen Sprache gefunden hat: Er vertuscht eine theologische Realität.

Der Verzicht darauf kann freilich nur erfolgreich ermöglicht werden durch eine Erneuerung der Ekklesiologie aus der Pneumatologie. Die Neubesinnung auf den Gottesgeist und sein Wirken zeigt, daß die Kirche im Dienst der Welterneuerung in Christus durch den Geist steht, damit am Ende Gott alles in allem werde. Sie hat daher keine Selbstbedeutung, sondern ist Instrument des trinitarischen Heilsplanes. Ein Instrument ist nur dann sinnvoll und hilfreich, wenn es dem Nutzer wie dem Nutzerzweck angepaßt ist. Dem dient und muß dienen nach beiden Seiten hin das innere Gefüge der Kirche. Es wird bestimmt durch die Charismen im Sinne des 1. Korintherbriefes. Es ist darum auch ein wirkliches strukturiertes Gebilde, dessen Teile, die Christen, je eigene, je unterschiedliche, je eigene Wertigkeit besitzende Qualitäten besitzen, die in ihrer Vielheit durch den sie verleihenden Geist in Einheit gehalten sind. Einige davon heißen, sind und müssen bleiben Ämter der und in der Kirche. Aber sie begründen nicht aus und in sich, sondern im Rahmen ihrer Instrumentalität gleicherweise wie alle anderen nicht als Amt zu bestimmenden Gnadengaben ihre Positionierung im Gesamtgefüge. Es ist alles nichts ohne Amt, aber das Amt ist nicht alles in der und für die Kirche!

Sofern es für die Effektivität des Instrumentes Kirche hochbedeutsam ist, muß es (in seinen Ausformungen) nicht nur existieren, sondern auch personal ausgefüllt werden. Zulassungsbedingungen können dann nur jene sein, die vom Wesen des Amtes, d.h. von dem Nutzen des Amtes für die Evangelisierung selbst, verlangt sind. Als Amtsträger müssen umgekehrt dann alle anerkannt und mit der entsprechenden Zurüstung (gegebenenfalls der sakramentalen Weihe) versehen werden, die Funktionen ausüben, die der Weise der Evangelisierung entsprechen, wie sie dem Amt eigen ist. Die historische Entwicklung des kirchlichen Amtes zeigt: Am Anfang stand nicht ein Amt, dem Aufgaben zugewiesen wurden; am Anfang gab es Aufgaben, bei denen sich herausstellte: Nur amtlich können sie bewältigt werden. In der Apokalypse, dem letzten Buch der Bibel, muß der Seher von Patmos, "ergriffen vom Geist" (1,10) im Auftrag des Menschensohnes den sieben Gemeinden Briefe schreiben. Am Ende eines jeden Schreibens wiederholt sich die Mahnung: "Wer Ohren hat, der höre, was der Geist den Gemeinden sagt" (2,7.11.17.29; 3,6. 13.22). Sie gilt auch heute. In Zusammenfassung der biblischen Pneumatologie erklärt das Zweite Vatikanische Konzil: "Er führt die Kirche in alle Wahrheit ein..., eint sie in Gemeinschaft und Dienstlei-

[34] So heute viele Theologen, z.B. B. Forte, Laie sein. Beiträge zu einem ganzheitlichen Kirchenverständnis, München u.a. 1987, 112 f.; Neuner, Laie 27; Haag, Worauf es ankommt, passim, zusammenfassend 113 f.

stung, bereitet und lenkt sie durch die verschiedenen hierarchischen und charismatischen Gaben und schmückt sie mit seinen Früchten... Durch die Kraft des Evangeliums läßt er die Kirche allezeit sich verjüngen, erneuert sie immerfort und geleitet sie zur vollkommenen Vereinigung mit ihrem Bräutigam"[35]. Es könnte sein, daß die Unwegsamkeit der Laienfrage uns endlich veranlaßt, doch ganz neue Wege zu suchen. Sie verlangen sicher den Mut zur Praxis, mehr aber noch den Mut zum Denken.

---

[35] LG 7.

Apostolat und Kooperation in der Kirche

Kirchenrechtliche Überlegungen zu einem erneuerten Verhältnis zwischen Laien und Klerikern

Ilona Riedel-Spangenberger

1. Prämissen

Über das Verhältnis zwischen Priestern und Laien wird im Bewußtsein um den weit verbreiteten Priestermangel seit einiger Zeit in höchst engagierter Weise in Kirche und Öffentlichkeit diskutiert.[1] Diese Diskussionen verdeutlichen grundsätzlich unterschiedliche Positionen zu dieser Verhältnisbestimmung. Auf der einen Seite stehen diejenigen, die den Priester als den ausschließlichen Leiter der Gemeinde, Lehrer des Wortes Gottes und Diener der Sakramente sehen, den Priester, der allein in der Person Christi des Hauptes der Kirche zu handeln berechtigt ist, und dies besonders betonen gegen eine expandierende Beteiligung von Laien an den Aufgaben der Verkündigung, der Feier der Sakramente, Gottesdienste und Sakramentalien sowie der Leitung der Gemeinden, denn sie befürchten, daß Profil und Identität des geistlichen Priestertums für die Kirche verloren gehen.[2] Auf der anderen Seite stehen diejenigen, die den Zugang zum priesterlichen Dienst geändert wissen wollen, weil für sie vermeintlich nichttheologische Gründe die notwendige Seelsorge für die Menschen, nämlich die notwendige Verkündigung des Wortes Gottes und die Feier der Sakramente behindern.[3] Sie fordern die Priesterweihe für verheiratete Männer und die Diakonatsweihe für Frauen.[4] Die Auseinandersetzung über diese beiden Positionen, aber auch die dahinter aufleuchtende Notsituation vieler Gemeinden, die keinen eige-

---

[1] Vgl. Instruktion des Apostolischen Stuhls zu einigen Fragen über die Mitarbeit der Laien am Dienst der Priester vom 15. August 1997 und die darüber geführte Diskussion etwa in: Und dennoch ... Die römische Instruktion über die Mitarbeit der Laien am Dienst der Priester. Klarstellungen - Kritik - Ermutigungen, Freiburg - Basel - Wien 1998: dort vgl. Text und weitere Literatur; vgl. Paul M. Zulehner, Europa ohne Priester, Düsseldorf 1995.

[2] Vgl. etwa Kardinal Meisner, Joachim, „So aber gibt es viele Glieder und doch nur einen Leib". Die sakramentale Grundstruktur der Kirche: Frankfurter Allgemeine Zeitung vom 3. Dezember 1997; Wolfgang Picker, Kirche ohne Priester? Amt darf nicht zur Disposition gestellt werden: KNA - Ökumenische Information Nr. 44 vom 4. November 1997, 18-19.

[3] Vgl. Harald Pawlowski, Das Kirchenvolk ist keine Schafherde! Zur umstrittenen römischen Instruktion über die Kompetenzen des katholischen Klerus: Publik Forum vom 5. Dezember 1997.

[4] Vgl. Christoph Böttigheimer, Krise des Amtes - Chancen der Laien: Stimmen der Zeit 216, 1998, 266-278.

nen Pfarrer mehr haben, hat die katholische Kirche in ihren Grundfesten zutiefst erschüttert.[5] Hinzukommt ein weiteres Problem, und zwar ein theologisch nicht gelöstes Problem: dem II. Vatikanischen Konzil ist es nicht gelungen, zwei gegenläufige Ekklesiologien einer sachgemäßen und widerspruchsfreien Interpretation zuzuführen: zum einen das pyramidal-hierarchologische Kirchenbild und zum anderen das sakramental-kommuniale Kirchenbild,[6] zwei Kirchenvorstellungen, die unverbunden nebeneinander stehen oder gar gegeneinander gestellt werden und im praktischen Leben der Kirche Konfrontationen und Polarisierungen ausgelöst haben. Dies ist nicht ohne Wirkungen bei der Bestimmung der Verfassungsstruktur und der Kodifizierung des neuen Kirchenrechts geblieben, so daß auch in die Rechtsbestimmungen diese zwei Kirchenstrukturen Eingang gefunden haben, die nicht ohne weiteres vermittelbar sind und zu erheblicher Rechtsunsicherheit beitragen. Diese Unsicherheit und Uneindeutigkeit haben zu schwerwiegenden Unklarheiten in der kirchlichen Seelsorgepraxis geführt, so daß z.B. in Deutschland in den einzelnen Diözesen ganz unterschiedliche Personalstrukturen entstanden sind, die weitgehend an den praktischen Notwendigkeiten orientiert eine Seelsorgepraxis hervorgebracht haben, die sich häufig und in erster Linie nur als Mangelverwaltung darstellt, so daß das eigentliche Ziel der Seelsorge und die notwendigen grundsätzlichen Überlegungen zur personellen Situation weitgehend unbeachtet bleiben.[7] Eine Rückbesinnung auf Ekklesiologie und Kirchenrecht, versteht man sie in der rechten Weise, können aus dieser unbefriedigenden Situation hinausführen.

2. Das höchste Gesetz für die Kirche: die „salus animarum“

Das Gesetzbuch für die universale katholische Kirche, der Codex Iuris Canonici, der seit 1983 weltweit allgemeine Rechtskraft für die Katholiken der lateinischen Kirche hat, verweist auf das alle Einzelgesetze übersteigende höchste Gesetz für die Kirche, die salus animarum,[8] das Heil der Seelen, wie es im allgemeinen prosaisch übersetzt wird. Benannt wird mit diesem Be-

---

5 Vgl. Tagungsbericht, Gemeindeleitung heute - und morgen? Reflexionen, Erfahrungen und Modelle für die Zukunft, hrsg.v. E. Garhammer und U. Zelinka, Paderborn 1998.

6 Vgl. A. Acerbi, Due ecclesiologie. Ecclesiologia giuridica ed ecclesiologia di comunione nella „Lumen Gentium“, Bologna 1975; Hermann-Josef Pottmeyer, Kontinuität und Innovation in der Ekklesiologie des II. Vatikanums: Kirche im Wandel. Eine kritische Zwischenbilanz nach dem Zweiten Vatikanum, hrsg.v. G. Alberigo - Y. Congar - H.J. Pottmeyer, Düsseldorf 1982, 89-110; I. Riedel-Spangenberger, Communio als Strukturprinzip der Kirche und ihre Rezeption im CIC/1983: TThZ 97, 1988, 217-238.

7 Vgl. Michael Böhnke, Pastoral in Gemeinden ohne Pfarrer. Interpretation von c. 517 § 2 CIC/1983, Essen 1994.

8 Vgl. cc. 747 § 2, 978 § 1, 1452 § 1, 1736 § 2, 1737 § 3, 1752.

griff die Zielsetzung des gesamten Kirchenrechts, die zugleich auch die pastorale Maxime für jegliches Handeln der Kirche ist. Das Heil für die Menschen, ihr Weg von Gott her zur Vollendung in ihm, ist das zentrale pastorale Ziel der Kirche, ja die Begründung der Existenz der Kirche in Raum und Zeit, und zugleich auch das Prinzip für die Gesetzesanwendung wie für die rechtliche Entscheidungsfindung in der Kirche.[9]

Zweierlei wird daran deutlich: zum einen die für die Kirche wesentliche Relativierung ihres eigenen positiven Rechts, demzufolge es nicht exklusiv um die Erfüllung der Buchstaben des Gesetzes geht, und zum anderen das kirchliche Prinzip für die Rechtsanwendung in der Kirche, die stets das Heil der Menschen zu berücksichtigen hat.[10]

Was aber sagt das für das hier zu erläuternde Gesamtthema?

Für das Apostolat, d.h. zunächst für die universale Heilssendung der Kirche, an der alle Gläubigen aufgrund ihrer Taufe und Firmung beteiligt sind, und für die dazu notwendige Vorgehensweise der Kirche, d.h. die Kooperation aller Glieder der Kirche, wird mit der „salus animarum" eine eindeutige Zielvorgabe gegeben. Diese Zielvorgabe ist das Leitprinzip für die Seelsorge, die durch die Kirche auszuüben ist, und zugleich ist sie auch Grundlage für die Struktur zur Ausführung dieser Seelsorge, die von verschiedenen Personen in der Kirche zugunsten der Menschen zu gewährleisten ist. Es geht also nicht in erster Linie um eine bestimmte Verfassungsstruktur der Kirche oder um die darauf begründeten einzelnen Gesetze und ihre Erfüllung im Hinblick auf die den Menschen zuzuwendende Seelsorge, es kommt nicht ausschließlich auf die Erfüllung des Buchstabens der Gesetze an, sondern primär darauf, daß kirchenrechtliche Normen und pastorales Wirken der Kirche ein und derselben Zielsetzung dienen müssen, nämlich Menschen das Heil zu ermöglichen, und dabei sich einer Verfahrensweise zu bedienen haben, die alle pastoralen Dienste aufeinander bezieht und keinen ausschließt, also kooperativ ist, d.h. durch verschiedene Träger der Seelsorge und in Zusammenarbeit aller Seelsorgerinnen und Seelsorger zu leisten ist. Demzufolge sind Pastoral und Kirchenrecht kein Gegensatz; denn sie haben dasselbe Ziel und unterliegen einer spezifischen Verfahrensweise, wie sie speziell der Kirche auch als Rechtsgemeinschaft zu eigen ist.[11] Denn theologisch begründet ist das Ziel der Kirche und diesem theologisch begründeten Ziel sind

---

[9] Vgl. V. Bertolone, La salus animarum nell' ordinamento giuridico della chiesa, Rom 1987; T. Schüller, Die Barmherzigkeit als Prinzip der Rechtsapplikation in der Kirche im Dienste der salus animarum. Ein kanonistischer Beitrag zu Methodenproblemen der Kirchenrechtstheorie, Würzburg 1993; G.L. Müller, Art. Heil: Lexikon der katholischen Dogmatik, hrsg.v. W. Beinert, Freiburg - Basel - Wien 1991, 236-239; Heil und Heilen als pastorale Sorge, hrsg.v. W. Beinert, Regensburg 1984.

[10] Vgl. F. Urrutia, Aequitas canonica: PerRMCL 73, 1984, 33-88.

[11] Vgl. S. Baggio, La naturaleza pastoral de la norma canonica: La norma canonica en el derecho canónico. Actas del III Congreso Internacional se derecho canónico, Pamplona 1979, 867-877.

auch ihre Rechtsstruktur und ihre Verfahrensweisen verpflichtet, und nicht umgekehrt. So steht das Kirchenrecht im Dienste der Menschen und letztlich im Dienste ihrer Beziehung durch Jesus Christus zu Gott. Die Funktion des Kirchenrechts ist es, die Rechte der Kirchenglieder zu schützen und das Heil des einzelnen in Gemeinschaft mit den anderen auf dem Weg zum Heil zu ermöglichen. In dieser Weise steht das Kirchenrecht in unlösbarer Beziehung zum kooperativ auszuübenden Apostolat der Kirche.
Der Hintergrund für diese Vorüberlegungen ist der, daß nämlich ein weltweiter Priestermangel mit zunehmender Tendenz seit 30 Jahren verschärft die Frage aufwirft, von wem und in welcher Weise unter diesen Bedingungen der spezifische Auftrag der Kirche, Menschen zum Heil zu führen, geleistet werden kann. Dabei sind vor allem in struktureller und kirchenrechtlicher Hinsicht die Kategorien „Apostolat" bzw. „Sendung" und „Seelsorge" der Kirche klärungsbedürftig, bevor über das Verhältnis der Dienste von Klerikern und Laien zu sprechen ist.

3. Die Grunddimensionen der Kirche und ihrer Rechtsordnung: Sendung und Seelsorge

Die beiden voneinander untrennbaren und aufeinander bezogenen Grunddimensionen der Kirche, die sich einzig und allein auf das Heil der Menschen in Gott beziehen, sind „Seelsorge" und „Sendung". Als solche sind sie auch Kategorien des Kirchenrechts,[12] das eine Ordnung des kirchlichen Handelns und Gemeinschaftslebens ist, die dem Grundrechtsanspruch eines jeden Menschen auf göttliches Heil und damit den Adressaten der Seelsorge, den verschiedenen Zuständigkeiten für die Seelsorge, den unterschiedlichen Trägern kirchlicher Seelsorge und Sendung und in allem dem höchsten Gesetz der Kirche entsprechen müssen. Wegen ihrer mehrdeutigen Konnotationen, gerade in der deutschen kanonistischen Fachsprache, sind diese beiden Begriffe aber klärungsbedürftig, stehen ihnen doch in der Sprache der Gesetze verschiedene lateinische Fachbegriffe gegenüber, die eine differenziertere Betrachtungsweise notwendig machen. Wegen der fachspezifischen Methodik und Hermeneutik des Kirchenrechts verbietet es sich nämlich, auf ein bestimmtes Vorverständnis von „Seelsorge" oder „Sendung" zurückzugreifen oder in uneindeutiger Weise von diesen beiden Grunddimensionen der Kirche zu sprechen und damit zu Unterscheidendes zu benennen.

3.1 Die Rechtsbegriffe „Seelsorge" und „Sendung"

Problematisch ist es, wenn Begriffe im CIC wie „cura animarum" und „cura pastoralis" synonym und undifferenziert mit „Seelsorge" übersetzt werden, als handele es sich um ein und dieselbe Funktion und demzufolge um ein

---

[12] Vgl. I. Riedel-Spangenberger, Seelsorge und Sendung in der kirchlichen Rechtsordnung: Iustitia et Modestia. Festschrift für Hubert Socha zur Vollendung seines 65. Lebensjahres, München 1998, 54-74.

und denselben rechtlichen Sachverhalt, und wenn daraus dann noch die Konsequenzen gezogen werden, daß Sendung und Seelsorge entweder prinzipiell von allen Kirchengliedern gleichermaßen oder durch ein Team von Personen mit gleicher Zuständigkeit oder aber nur von bestimmten Personen wie z.B. ausschließlich von Priestern und nur ersatzweise in einigen Einzelfunktionen von Laien ausgeübt werden können. Sowohl die theologische Grundlegung wie das darauf aufbauende kirchliche Recht verdeutlichen demgegenüber für die Seelsorge wie auch für die Sendung der Kirche unterschiedlich wirksame und gewichtete Handlungen und Dienste, die nicht isoliert oder alternativ nebeneinander stehen, sondern zueinander in Beziehung stehend auf das Zusammenwirken aller pastoralen Tätigkeiten hin angelegt sind. Sendung und Seelsorge setzen in kirchenrechtlicher Hinsicht nicht primär verschiedene Funktionen, sondern verschiedene Legitimationen und Zuständigkeiten für die konkrete Ausübung der jeweiligen Dienste voraus.[13]
Die sachbezogene Ausführung der „Seelsorge" und „Sendung" bezieht sich auf die drei grundlegenden Wirkweisen der Kirche, die „munera" der Verkündigung, der Heiligung und der Leitung durch die Kirche. In diesen kategorialen Bereichen zeigt die Seelsorge ihre Wirkung. Potentielle Träger der Seelsorge wie der Sendung der Kirche sind alle Getauften sowie davon durch eine Form der kanonischen Sendung unterschieden in spezifischer Weise die geistlichen Hirten (pastores), die Diakone sowie Laien, wenn sie dazu eine eigene Ermächtigung durch die Verleihung eines Kirchenamtes, durch einen Auftrag, d.h. ein „mandatum", oder durch die Übertragung einer Vollmacht oder einer Befugnis von seiten der Träger kirchlicher Autorität erhalten haben. Alle Gläubigen haben den ihnen zukommenden Dienst der Verkündigung durch die Bezeugung und Weitergabe des Glaubens, den Dienst der Heiligung durch die aktive Mitfeier der Gottesdienste und Sakramente und den Dienst der Leitung durch den aktiven Aufbau der Kirche und die Bewahrung der kirchlichen Gemeinschaft zu vollziehen.[14] Dazu sind sie aufgrund der Taufe und Firmung befähigt, berechtigt und verpflichtet. Diesen Dienst üben sie in eigenem Namen sowie in eigener Verantwortung und Freiheit aus. Ihr Dienst ist konstitutiv für die universale Heilssendung der Kirche, d.h. mit der Erfüllung dieses Dienstes steht und fällt die Kirche selbst. Im Unterschied dazu erfordert der in spezifischer Weise, d.h. im Namen und im Auftrag der Kirche, wahrzunehmende Verkündigungs-, Heiligungs- und Leitungsdienst über Taufe und Firmung hinaus eine weitere Legitimation.[15] Denn solche Dienste setzen eine Begründung in der apostoli-

---

[13] Vgl. I. Riedel-Spangenberger, Sendung in der Kirche. Die Entwicklung des Begriffs „missio canonica" und seine Bedeutung in der kirchlichen Rechtssprache, Paderborn - München - Wien - Zürich 1991.

[14] Vgl. cc. 204 § 1, 208, 209 § 1, 210, 211, 214, 216, 747 §§ 1 und 2, 748 § 1, 756 § 1, 781, 835 § 4.

[15] Das kann durch eine Beauftragung (mandatum), die Übertragung von Leitungsvollmacht (delegatio) oder die Verleihung eines Kirchenamtes (provisio officii) mit oder

schen Vollmacht, die den Bischöfen zu eigen ist, voraus. Aufgrund ihrer Bischofsweihe und ihrer Stellung im Bischofskollegium mit seinem Haupt dem Papst sind die Bischöfe in der Nachfolge der Apostel und der Papst in der Nachfolge des Petrus mit apostolischer Vollmacht ausgestattet, d.h. zu Hirten in der Kirche bestellt und als solche stehen sie als Lehrer des Glaubens, Priester der Gottesdienste und Diener in der Leitung. Ihre Seelsorge, die im CIC auch Hirtensorge genannt wird, üben sie mit Leitungsvollmacht für ihren Zuständigkeitsbereich aus. Ihnen obliegt primär die Pflicht und Verantwortung für die alle Dienste der Verkündigung, Heiligung und Leitung umfassende Seelsorge im Namen der Kirche. Bei der konkreten Ausführung dieser umfassenden Seelsorge sind sie jedoch auf Mitarbeiter und Helfer angewiesen, die Kleriker wie Laien sein können.

3.2 Die spezifischen Träger der Seelsorge und der Hirtensorge

Das gesamte Tätigwerden für das Ziel der Kirche nennt der CIC im weiten Sinn „cura animarum" und meint damit jene Seelsorge im allgemeinen mit verschiedenen Diensten und Aufgaben, die von verschiedenen Trägern mit verschiedener Zuständigkeit und Autorität zu gewährleisten ist. Die sachbezogene Erfüllung dieser Seelsorge bezieht sich auf die drei Wirkweisen der Kirche und damit auf die Heilsgüter der Kirche, wobei nicht nur Wort und Sakrament, sondern auch die Kirche selbst und die ihr eigene Gemeinschaftsstruktur und Leitung wesentlich zur Seelsorge beizutragen haben. Träger dieser Seelsorge sind alle Christgläubigen und mit je spezifischer Verantwortung die geistlichen Hirten (pastores),[16] die Diakone (ministri)[17] und die von den zuständigen kirchlichen Autoritäten mit Aufgaben oder Ämtern der Seelsorge betrauten Laien (laici deputati).[18] Im Hinblick auf die einzelnen Funktionen dieser Seelsorge bietet das Kirchenrecht zunächst keine Unterscheidung der Zuständigkeit von Klerikern oder Laien in sachlicher Hinsicht. Wenn die „cura animarum" jedoch im allgemeinen Ämterrecht erwähnt wird, umschreibt sie dort die mit einem Kirchenamt potentiell verbundene sachliche Zweckbindung bzw. Zielsetzung der Seelsorge im Namen der Kirche. Dem kodikarischen Recht zufolge gibt es nämlich Kirchenämter, die alle gleichermaßen der Wahrnehmung eines geistlichen Zwecks zu dienen haben, d.h. solche, mit denen Seelsorge im umfassenden Sinn (plena

---

ohne Leitungsvollmacht geschehen. In jedem Fall handelt es sich um eine Ermächtigung, im jeweiligen Zuständigkeitsbereich im Namen der Kirche, d.h. offiziell für die Kirche zu handeln. Die dazu notwendigen sakramentalen Befähigungen können Taufe und Firmung oder zusätzlich und darüber hinaus das Weihesakrament sein.

[16] Im CIC/1983 sind mit den „pastores" Bischöfe und Priester gemeint, wenn sie ein Kirchenamt (vgl. c. 145 § 1) innehaben, mit dem „cura pastoralis" = „plena cura animarum" verbunden ist (vgl. c. 150 iVm cc. 331, 369, 375 § 1, 383 § 1, 773, 794 § 2, 843 § 2, 890 etc.).

[17] Vgl. c. 266 § 1.

[18] Vgl. c. 228 § 1.

cura animarum) verbunden ist, und solche, mit denen zwar Seelsorge (cura animarum) , diese jedoch nicht im umfassenden Sinn, sondern nur in einzelnen Funktionen verbunden ist, d.h. es gibt kirchliche Ämter mit quantitativ zu unterscheidenden seelsorglichen Aufgaben, die sich aber nicht funktional unterscheiden von denen, die in der „plena cura animarum" verwirklicht werden,[19] weil sie nämlich alle gleichermaßen auf ein und dasselbe geistliche Ziel ausgerichtet sind, sich alle im sachlichen Bereich der Verkündigung, Heiligung und Leitung vollziehen sowie von Klerikern und Laien wahrgenommen werden können. Kirchenämter jedoch, mit denen umfassende Seelsorge verbunden ist, können nur diejenigen, die zum Priester geweiht sind, innehaben.[20] Demzufolge können Nichtpriester, d.h. Diakone, Ordensleute sowie Männer und Frauen als Laien zwar Kirchenämter mit seelsorglichen Aufgaben, nicht aber solche mit umfassender Seelsorge erhalten.[21] Es wird durch diese Bestimmung aber auch nicht ausgeschlossen, daß auch Priester nur einzelne Aufgaben der Seelsorge wahrnehmen, ohne ein Kirchenamt mit umfassender Seelsorge zu besitzen.[22] Für die seelsorglichen Kirchenämter ist primäres Kriterium also der jeweilige Umfang der Zuständigkeit für die Seelsorge, die jeweilige sakramententheologische Voraussetzung[23] und die Verknüpfung der seelsorglichen Aufgaben, die sachlich auf die Untrennbarkeit der drei kategorialen Bereiche Verkündigung, Heiligung und Leitung bezogen und insofern für die Kirche konstitutiv sind. Deshalb wird diese umfassende Seelsorge im CIC synonym auch als „cura pastoralis" bezeichnet, d.h. mit jener Sorge für das Heil der Menschen, die den Hirten der Kirche zu eigen ist und die deshalb spezifisch nicht Seelsorge, sondern Hirtensorge genannt wird.[24] Es handelt sich dabei um eine Tätigkeit, die allein den geistlichen Hirten der Kirche zukommt, d.h. die Priesterweihe voraussetzt und zugleich voraussetzt, daß der betreffende Priester ein Kirchenamt innehat, mit dem diese Art der Seelsorge verbunden ist. Das bedeutet konkret, daß etwa ein Priester, dem eine Pfarrei anvertraut ist und der sich nur auf liturgische Aufgaben beschränken würde, dem umfassenden Anspruch seines Seelsorgeamtes, nämlich alle in der im zugewiesenen Pfarrei wahrzunehmenden pastoralen Dienste verantwortlich zu leiten bzw. maßgeblich zu lenken und zu einer Einheit zusammenzuführen, nicht gerecht

---

[19] Vgl. Heribert Schmitz, Officium animarum secumferens. Zum Begriff des seelsorgerischen Amtes: Ministerium Iustitiae. Festschrift für Heribert Heinemann zum 60. Geburtstag, hrsg.v. A. Gabriels und H.J.F. Reinhardt, Essen 1985, 127-137.

[20] Vgl. cc. 150, 521 § 1.

[21] Vgl. cc. 517 § 2, 519, 529 § 2, 545 § 1.

[22] Vgl. cc. 519, 545 § 1.

[23] Vgl. c. 228 § 1 iVm c. 225 § 1; c. 1008 iVm cc. 145 §1, 150.

[24] Vgl. cc. 371 § 2, 374 § 2, 383 § 1, 414, 515 § 1, 516 § 2, 517 §§ 1 und 2, 519, 520 § 1, 527 § 1, 536 § 1, 542, 543, 545 § 1, 548 § 3, 564, 566 § 1, 771 § 1, 792, 813, 1032 § 2. Im c. 1008 wird darauf hingewiesen, daß die Befähigung und Bestimmung für die Ausübung der Hirtensorge durch die Priesterweihe erworben wird.

wird. Primär wird der mit dem Kirchenamt des Bischofs und des Pfarrers verbundene Aufgabenbereich für eine bestimmte Gemeinschaft von Gläubigen im CIC als „cura pastoralis" umschrieben. Es handelt sich bei der von ihnen auszuübenden umfassenden Seelsorge um die alle Dienste der Verkündigung, der Heiligung und der Leitung umgreifende spezifische und qualifizierte Art der Seelsorge, die einen bestimmten Zuständigkeitsbereich der Kirche umfaßt und in ihrer Art konstitutiv für die Kirche ist, so daß sie auch nicht einfachhin als „Seelsorge" im allgemeinen funktionalen Sinn oder gar als „seelsorgliche Betreuung" etwa ausschließlich für den Vorsitz bei der Eucharistiefeier oder für die Spendung der Krankensalbung bezeichnet werden kann. Die Inhaber der Kirchenämter mit umfassender Seelsorge, die geistliche Hirten und Priester sind, üben in der Weise ihre Hirtensorge aus, daß sie im Hinblick auf das Heil der ihnen anvertrauten Gemeinschaft von Menschen ungeteilt und gleichzeitig für den gesamten kategorial dreifach gegliederten Dienst Verantwortung tragen und zuständig sind, indem sie für diese alles in ihrem Zuständigkeitsbereich umfassende Seelsorge ein spezifisches Amt mit über die einzelnen Tätigkeiten der Seelsorge hinausgehenden Kompetenzen und Pflichten bekleiden. Der Umfang dieser mit dem Kirchenamt verbundenen Rechte und Pflichten kann durchaus unterschiedlich sein. So ist der Dienst für den einzelnen Pfarrer einer kanonischen Pfarrei[25] umfangreicher als der auf mehrere Priester verteilte Dienst eines sogenannten Priesterteams mit einem Moderator[26] oder der Dienst eines einzelnen Moderators[27] oder Pfarradministrators[28] in einer vakanten Pfarrei wie auch der eines „cappellanus",[29] die aber alle im Hinblick auf eine bestimmte Gemeinschaft von Gläubigen gleichermaßen für die „plena cura animarum" bzw. „cura pastoralis" zuständig sind. Wer als Priester ein Kirchenamt mit umfassender Seelsorge, d.h. mit Hirtensorge innehat, muß aber nicht alle einzelnen pastoralen Tätigkeiten selbst ausüben. Sein Dienst ist auf die Koordination und sachgerechte Ausführung aller pastoralen Funktionen im eigenen Amtsbereich ausgerichtet, so daß Priester und Nichtpriester unter einem solchen Hirten Seelsorge ausüben können, d.h. es gibt pastorale Mitwirkung an der Hirtensorge.[30]

---

[25] Vgl. c. 515 § 1 iVm cc. 519, 528 - 532.

[26] Vgl. cc. 517 § 1, 542.

[27] Vgl. c. 517 § 2.

[28] Vgl. cc. 539 - 541.

[29] Vgl. c. 564.

[30] Vgl. etwa die Umschreibung der Aufgaben (functiones) des kanonischen Pfarrers mit den Begriffen „administratio", „providere", „curare", „fovere", „promovere", „curam habere", „satagare", „consulere", „allaborare", „anniti", „moderare", „invigilare", „prudenter corrigere", „agnoscere", „cooperari" in den cc. 528 - 530. Von „potestas regiminis seu iurisdictionis" spricht der CIC im Zusammenhang mit der Ausübung der „cura pastoralis" auf der Ebene der Pfarrei an keiner Stelle.

4. Die Arten der Mitwirkung an der Ausübung der „cura pastoralis"

Das Wesen der Kirche verlangt die Wahrnehmung der „cura pastoralis" durch priesterliche Amtsträger. Das besagt jedoch nicht, daß die Seelsorge und die seelsorglichen Aufgaben ausschließlich von den einzelnen Priestern, denen die „cura pastoralis" von ihren Bischöfen übertragen wurde, auszuüben sind. Ein Schlüsselbegriff des CIC ist in diesem Zusammenhang der Terminus „cooperatio" im Sinne von Zusammenarbeit und Mitwirkung aller mit der Seelsorge beauftragten Personen.[31] Die mit der „cura pastoralis" betrauten Amtsträger stehen gemäß den kirchenrechtlichen Bestimmungen in einer vielfältigen „cooperatio", nämlich mit ihren priesterlichen und nichtpriesterlichen Mitarbeitern, zugleich aber auch mit ihrem Diözesanbischof, unter dessen Autorität sie die umfassende Seelsorge bzw. Hirtensorge in ihrem Amtsbereich auszuüben haben und über diesen auch in der Gemeinschaft mit der ganzen Kirche. Mit dieser Zusammenarbeit stehen die Hirten der ihnen anvertrauten Gemeinde nicht einfach gegenüber, sondern sind in einem vielfältigen Beziehungsverhältnis mit all den Gläubigen verbunden, die durch ihr Glaubenszeugnis, ihr geistliches Leben und ihre Mitsorge um die Gemeinde am Apostolat der Kirche teilnehmen. Sie stehen ebenso in der „cooperatio" mit allen übrigen Priestern und Nichtpriestern, die in ihrem Zuständigkeitsbereich ebenfalls pastorale Aufgaben wahrnehmen. In diesem Sinn kann auch aus kirchenrechtlicher Sicht von einem Konzept „kooperativer Seelsorge" gesprochen werden. Im Unterschied zur landläufigen Verwendung dieses Begriffes werden damit nicht die aufgrund des Priestermangels erforderlichen schmerzhaften Eingriffe in die überkommenen pastoralen Strukturen umschrieben, indem etwa viele pastorale Aufgaben ersatzweise Diakonen oder Laien anvertraut würden und diese dann zu einer Art Pfarrerersatz avancierten, der Priester dagegen aber beschränkt bliebe auf einige wenige sakramentale Funktionen und die Tatsache der Leitung. Vielmehr bezeichnet der kirchenrechtliche Begriff „cooperatio" eine für die Kirche konstitutiv gegebene und sendungstheologisch begründete Zusammenarbeit aller Getauften an der Verwirklichung des kirchlichen Apostolats und damit auch die Pflicht zur gemeinschaftlichen Wahrnehmung aller für die Seelsorge notwendigen Aufgaben.

Dieses kirchenrechtliche Konzept der „cooperatio" wird bereits in der rechtlichen Umschreibung des kanonischen Pfarrers erkennbar, der mitunter auch als „Solitärpfarrer" oder „monistischer Einzelpfarrer" apostrophiert worden ist. Dem geltenden CIC entsprechend nimmt der Pfarrer für die ihm übertragene Pfarrei die Hirtensorge in Kooperation mit dem Diözesanbischof und als Teilhabe an dessen Sendung und Amt wahr, wobei die Mitarbeit anderer Priester, Diakone, Ordensleute sowie haupt-, neben- und ehrenamtli-

---

[31] Vgl. Heribert Hallermann, Priesterliche Identität gewinnen in Abgrenzung oder in Kooperation?: Diakonia 29, 1998, 91-96.

che Laien konstitutiv für seine Amtsausübung vorgesehen ist. Auf der unteren Verfassungsebene der Kirche ist also das pastorale Amt als ein Kirchenamt in Kooperation konzipiert, ohne daß damit die spezifische Sendung der einzelnen Seelsorger in unzulässiger Weise relativiert oder vernachlässigt würde. In ihren pastoralen Strukturen und Ämtern macht also die Kirche Ernst mit der grundlegenden Norm, daß alle Getauften je auf ihre Weise am dreifachen Dienst Christi teilhaben und aktiv beitragen zur Verwirklichung der Sendung der Kirche, und daß dieses Modell auch für alle die pastoralen Aufgaben gilt, die im Namen der Kirche ausgeübt werden.

Das kirchenrechtliche Konzept der „cooperatio“ wird aber besonders deutlich erkennbar in den zwei für uns neuen Formen der pfarrlichen Seelsorge, die im CIC seit 1983 für die gesamte Kirche vorgesehen sind und in sogenannten Missionsländern zum Teil seit Jahrzehnten erfolgreich praktiziert werden. Diese beiden Formen, die bei uns weithin noch als Notbehelf diskreditiert werden, können aufgrund ihrer historischen Entstehung m.E. durchaus als ein Angebot anderer Ortskirchen aufgenommen werden, das uns in einer Zeit des notwendigen Umbaus pastoraler Strukturen helfen kann, auch unter veränderten Bedingungen die pfarrliche Seelsorge für die Gläubigen sicherzustellen.

Die erste neue Form der pfarrlichen Seelsorge wird gewöhnlich unter dem Stichwort „Priesterteam“ gefaßt.[32] Sachlich umfaßt dieses Modell die Seelsorge in einer oder mehreren Pfarreien, die benachbart sein können oder nicht, und die in gemeinsamer Verantwortung mehrerer Priester geleistet wird. Einer dieser Priester, der als Moderator bezeichnet wird , hat die Verantwortung für die gesamte „cura pastoralis“, d.h. er ist dafür verantwortlich und zuständig, daß alle Aufgaben, die zur pfarrlichen Seelsorge gehören, in den betreffenden Pfarreien tatsächlich und zum Heil der anvertrauten Menschen ausgeübt werden. Das bedeutet , daß die verschiedenen geweihten und nichtgeweihten Amtsträger, die innerhalb dieses Verantwortungsbereiches zusammenarbeiten, ihre Aufgaben zum Wohl der gesamten Gemeinde ausüben. Praktisch kann das so aussehen, daß die wahrzunehmenden pastoralen Aufgaben nach sachlichen, territorialen oder personalen Gesichtspunkten unter allen Mitarbeiterinnen und Mitarbeitern je nach ihrer rechtlichen Kompetenz aufgeteilt werden. Dem Moderator kommt bei all dem die unverzichtbare Aufgabe zu, die einzelnen Dienste auf das Wohl der gesamten Gemeinde hin zu orientieren und die Verbindung mit der um den jeweiligen Bischof versammelten Ortskirche zu wahren. Dieses Modell ermöglicht zum einen eine stark differenzierte und spezifische Seelsorge, es stellt die erforderlichen Grunddienste der Pastoral sicher, es eröffnet den Mitarbeiterinnen und Mitarbeitern die Möglichkeit, ihre jeweiligen Charismen in stärkerem Maße einzubringen und läßt auch viel Raum für die ehrenamtliche Mitarbeit von weiteren Gläubigen.

---

32 Vgl. c. 517 § 1.

Die zweite neue Form der pfarrlichen Seelsorge wird in der Literatur häufig als „Pfarrmoderatorenmodell" bezeichnet[33] und geht mit dieser Begrifflichkeit am eigentlichen dieser Lösung vorbei. Tatsächlich sieht dieses Modell vor, daß im Falle des Priestermangels der Diözesanbischof eine Einzelperson oder eine Gemeinschaft von Personen an der Wahrnehmung der pfarrlichen Seelsorge beteiligen kann, wobei er einen Priester als Pfarrmoderator einsetzen muß, der die „cura pastoralis" für eine Pfarrei verantwortlich leitet, ohne selbst das Amt des Pfarrers innezuhaben. Die betreffende Pfarrei bleibt also im Rechtssinn vakant, hat aber im Pfarrmoderator und in sogenannten „Pfarrbeauftragten", die keine Priester sind, feste und verläßliche Bezugspersonen für die konkrete Seelsorge. Das Wesentliche an diesem Modell besteht in der verläßlichen und strukturierten Zusammenarbeit zwischen Pfarrbeauftragten und Pfarrmoderator. Die Zusammenarbeit der beiden ist materieller Bestandteil des Dienstauftrages, den beide vom Bischof erhalten haben, dabei ist der Pfarrmoderator in besonderer Weise für das Gelingen dieser Zusammenarbeit verantwortlich. Unbeschadet dieser besonderen Verantwortung sind Pfarrbeauftragte und Pfarrmoderator im wesentlichen gleichrangige Mitarbeiter des Diözesanbischofs in der Seelsorge für die vakante Pfarrei. Praktisch bedeutet das, daß Pfarrbeauftragte und Pfarrmoderator nach Maßgabe des Rechts und entsprechend dem bischöflichen Auftrag nicht nur die pastoralen Aufgaben, sondern auch die Leitungsaufgaben untereinander aufteilen und kooperativ wahrnehmen. Dies setzt ein hohes Maß an gegenseitiger Absprache und Kommunikation, etwa in Form von regelmäßigen Dienstgesprächen, voraus. Ebenso ist unverzichtbar, daß eine vakante Pfarrei sich für dieses neue seelsorgliche Modell öffnet und die erforderliche Bereitschaft zu einer breit angelegten Mitverantwortung aufbringt. Insofern erscheint die Bezeichnung dieser Form der pfarrlichen Seelsorge als „Kooperationsmodell" angemessener.

Einerseits ist es erfreulich, daß man heute in der Kirche in breiterem Maße über Formen der Kooperation im Apostolat und in der Seelsorge nachdenkt. Kritisch ist jedoch anzumerken, daß der Begriff der sogenannten „Kooperativen Seelsorge" in Theorie und Praxis weitgehend nur unter dem Vorzeichen des Priestermangels und der damit verbundenen schmerzhaften Eingriffe in bestehende pastorale Strukturen verwendet wird. Der kirchenrechtliche Begriff der „cooperatio" hingegen setzt positiv bei der Mitverantwortung aller Gläubigen für die Sendung der Kirche sowie bei dem pastoralen Zusammenwirken aller Seelsorgerinnen und Seelsorger an und eröffnet einen weiten Raum für die Verwirklichung vielfältiger Charismen zum Wohl der Kirche und zum Heil der Menschen. Die vorgestellten Modelle, die sich in anderen Ortskirchen längst in der Praxis bewährt haben, sichern diese „cooperatio" strukturell ab und entlasten auf diese Weise die einzelnen Gläubigen, die aktiv an den verschiedenen Formen von pastoraler Koopera-

---

33 Vgl. c. 517 § 2.

tion beteiligt sind. Insofern wäre es wünschenswert, daß diese Modelle stärker in das Blickfeld pastoraler und struktureller Planungen in den einzelnen Bistümern treten, damit auf diese Weise ein wirklicher Fortschritt erzielt werden kann, der einerseits die Identität der Kirche wahrt und andererseits die beteiligten Gläubigen nicht überfordert.

Die Bedeutung der Laiengremien für die Kirche in der Welt von heute

Hans Joachim Meyer

Das Thema wurde mir so gestellt. Auf diese Feststellung lege ich wert, denn ich bin mir, zurückhaltend gesagt, nicht sicher, ob ich es selbst so formuliert hätte. Dabei denke ich nicht an erster Linie an den Begriff des Laien, obwohl es noch keine zwei Jahre ist, daß jemand in fundamentalistischer Verbiesterung meinte, sich über den "Horrorbegriff" des "engagierten Laien", der "sich öffentlich sichtbar in möglichst vielen kirchlichen Gremien tummelt",[1] erregen zu sollen. Darüber ließe sich ja noch streiten, wenn man meint, daß sich der Streit hier lohnt. Nein, was bei diesem Thema gleichsam subkutan wirkt, ist der Begriff des Gremiums. Einerseits steht dieses Wort für die optimistische Annahme, aus dem Miteinanderreden und gemeinsamen Entscheiden aller Interessierten und von der Sache Betroffenen entstünde mit Naturnotwendigkeit ein fruchtbarer "Schoß" für die Lösung jedweder Probleme oder doch zumindest ein Ort vorurteilslosen und herrschaftsfreien Denkens und Redens. Und andererseits steht das Wort Gremium wie kaum etwas anderes für das Versagen eines allein auf Diskurs setzenden Modells der Problemlösung, ist der Begriff der Gremienwirtschaft schlechthin identisch mit Ineffizienz und Entscheidungsschwäche. Sicher wird im Raum einer Universität jedermann zunächst an die Unzulänglichkeit akademischer Gremien denken. Wobei es nur fair ist, hinzuzufügen, daß diese Charakterisierung nicht nur für die Gremien der Gruppenuniversität gilt. Auch die Gremien der Ordinarienuniversität waren von notorischer Entscheidungsschwäche, aber es gab weniger Gremien, und das Maß des anzurichtenden Unheils war kleiner, weil die akademische Welt kleiner war. Vor allem aber setzte man ganz offen auf die Weisheit der professoralen Einzelentscheidung.

Was die heutigen katholischen Laiengremien mit den akademischen Gremien der Gruppenuniversität gemein haben, ist die Zeit ihres Entstehens und die Euphorie des Anfangs, gefolgt von mancher Frustration. Das ist nicht gerade eine Ermutigung, sich auf ein solches Thema einzulassen. Ich will gleichwohl den Stier bei den Hörnern packen und mich gleich am Anfang dazu bekennen, daß die Rolle des Laien in der Kirche und der Sinn von Gremien nach meiner Überzeugung notwendig zusammengehören. Das besagt auch - wie noch zu zeigen sein wird - die historische Erfahrung des katholischen Laienengagements. Fromme Sprüche über den Wert des Laien in der Kirche zu klopfen ist nämlich ein ziemlich wohlfeile Angelegenheit, wenn man nicht bereit ist, rechtliche und institutionelle Konsequenzen zu

---

[1] Christian Geyer in der FAZ vom 27. 09. 1997.

ziehen. Das gilt übrigens im besonderen Maße und in einer besonderen Bedeutung für die Hälfte, wahrscheinlich für mehr als die Hälfte, der Laien, nämlich für die Frauen und ihre Stellung in der Kirche. Sicherlich gibt es Strukturen, aus denen das Leben ausgezogen ist, oder in denen nie Leben war. Aber noch sicherer ist, daß es kein Leben ohne Strukturen gibt. Wer nicht bereit ist, schönen und richtigen Einsichten strukturelle Konsequenzen folgen zu lassen, bringt sich in den Verdacht, entweder diese Konsequenzen nicht zu verstehen oder sie zu scheuen. Ich muß da immer an einen Pfarrer denken, der sich weigerte, Pfarrgemeinderatswahlen durchzuführen, weil, wie er erklärte, es ein Lebensgesetz der Kirche sei, daß der Heilige Geist entfliehe, wenn feste Strukturen geschaffen würden. Einigen seiner Amtsbrüder fielen freilich ganz andere Erklärungen für seine Haltung ein. Gremien, so verwaschen und abgegriffen dieses Wort auch heute daher kommen mag, sind ein Oberbegriff für strukturelle Konsequenzen aus der Einsicht, daß die Laien eine bedeutsame und unverzichtbare Rolle im Leben der Kirche und für den Auftrag der Kirche spielen. Um meinem Thema auch nur einigermaßen gerecht werden zu können, muß ich ganz wesentlich auf diese Rolle der Laien zu sprechen kommen. Damit will ich mich jedoch nicht vor einer offensiven Verteidigung der Bedeutung von Laiengremien für die Kirche von heute drücken.

Der Begriff des Laien war bekanntlich über Jahrhunderte fast nur negativ definiert. In einer Gesellschaft, die sich christlich verstand und alle Lebensvollzüge der Menschen christlich deutete, war es selbstverständlich, daß die Kirche als Institution faktisch nur in ihren Amtsträgern und den Repräsentanten besonderer religiöser Lebensformen gesehen wurde. Das hat manchen gekrönten Laien und andere weltliche Machthaber nicht gehindert, aktiv in das kirchliche Leben einzugreifen. Als die Einheit von Kirche und Gesellschaft zerbrach, stellte sich das Problem neu. Als naheliegendes Beispiel mag uns die Situation in Deutschland nach dem Untergang des Heiligen Römischen Reiches Deutscher Nation dienen. Die Katholische Kirche hatte in Deutschland fast alle ihre in der Zeit der Reformation und Gegenreformation verbliebenen oder zurückgewonnenen Machtpositionen endgültig verloren. In vielen Staaten des Deutschen Bundes, insbesondere im größer gewordenen Preußen, war sie überdies die minderprivilegierte Konfession. Neuartige Konflikte mit dem Staat, wie im Fall des Kölner Erzbischofs Clemens August Droste zu Vischering, demonstrierten ihre Machtlosigkeit und stärkten zugleich ihren Kampfeswillen. Entscheidend war nun, daß dies im herausragenden Maße der Kampfeswillen von Laien war - von Politikern, Publizisten und Gelehrten. Sie schufen in Zeitschriften und Zeitungen ein gegenüber den Umständen und Vorstellungen ihrer Zeit kritisches Selbstbewußtsein und in bezug auf die Kirche ein neues Verantwortungsgefühl, zumindest unter den gebildeten Katholiken. Sie nutzten durch die Gründung von Vereinen die durch die Revolution von 1848 gewonnene bürgerliche Freiheit, um die Freiheit für Glauben und Kirche zu erstreiten. Galt dieser

Einsatz zunächst nur der eigenen Sache, so wurde daraus Schritt für Schritt das grundsätzliche Eintreten für die Rechte von Minderheiten und Einzelnen und die prinzipielle Wertschätzung des Rechtsstaates. Von Anfang an verband sich damit ein sozialpolitisches Engagement. Es war der Beginn des politischen und sozialen Katholizismus in Deutschland, einer - wie wir heute sagen würden - katholischen Bürgerbewegung mit spezifischen Zielen in der Bildungs-, Kultur und Sozialpolitik, die insgesamt darauf gerichtet waren, die Position der Katholiken zu stärken - zunächst im Ringen um einen freiheitlichen deutschen Nationalstaat und dann in der Gesellschaft des sich unter preußischer Führung herausbildenden Deutschen Reiches. Es war zugleich eine bewahrende und eine, auch wenn die meisten der damals führenden Katholiken diesen Begriff nicht gebraucht hätten, emanzipatorische Bewegung. Ihre kämpferische Kraft gewann sie aus der Position einer starken und sich immer besser organisierten Minderheit, die ultra montes, also "jenseits der Berge", im Papst den wichtigsten Garanten ihrer Unabhängigkeit vom Staat erkannte. Die Dauer und Härte des Konflikts, insbesondere im Kulturkampf, erzeugte eine historisch einmalige Homogenität des deutschen Katholizismus, die gleichwohl manchen bis heute als Testfall wahrer katholischer Gesinnung gilt. Teil dieser Homogenität war die durch die damalige geschichtliche Situation bedingte und daraus auch erklärbare Vorstellung, es gäbe eine katholische Politik, die von einer katholischen Partei, nämlich dem Zentrum, authentisch repräsentiert würde. In unfreiwilliger Komik formulierte das der Zentrumsabgeordnete Hans Graf v. Praschma auf dem Bonner Katholikentag von 1900 wie folgt: "Das Centrum in den Parlamenten ist gewissermaßen unser stehendes Heer; das katholische Volk aber und alle kirchlichen und politischen Gesinnungsgenossen bilden die Reserve, über die wir auf den General-Versammlungen Heerschau halten, und dabei alljährlich unser Verhalten für die Friedenszeit und eine etwa notwendige Mobilmachung beraten."[2]

Immerhin: Beraten! Und sieht man näher hin, so ergab sich die gemeinsame Position aus wirklicher Beratung und echten Debatten. Ja, es gab auch schon die Einsicht, daß nicht über alles eine einheitliche Auffassung aller Katholiken erreichbar war, und darum ein solcher Versuch auch gar nicht erst unternommen werden sollte - so 1848 über die Frage, ob Deutschland großdeutsch, d.h. unter österreichischer Führung, oder kleindeutsch, d.h. unter preußischer Führung, geeinigt werden sollte. Und - jedenfalls offiziell - auch über die Frage Monarchie oder Republik. Bedeutsamer wurde dann später der handfeste Streit über sozialpolitische Positionen, so vor allem die Auseinandersetzung zwischen der Kölner und der Berliner Richtung in der Gewerkschaftsfrage. Übrigens hier auch in klarer Frontstellung gegen Bischöfe, die um das Seelenheil ihrer Herde fürchteten und daher integralistische Po-

---

[2] Heinz Hürten, Spiegel der Kirche - Spiegel der Gesellschaft? Katholikentage im Wandel der Welt. Paderborn 1998, S. 79.

sitionen vertraten. Die Behauptung, früher hätte über dem deutschen Katholizismus die Sonne ungetrübter Harmonie geschienen, ist genau so realitätsfern wie die Vorstellung, es könne einen wirksamen Beitrag der Laien zum Einfluß von Glauben und Kirche in der Gesellschaft geben ohne Eigenverantwortung der Laien und deren maßgebliche Mitwirkung darauf, wie sich Glauben und Kirche in der Welt darstellen.
Freilich verband die 1848 neu entstehende katholische Laienbewegung den Anspruch auf Eigenständigkeit mit dem Konzept der Aufgabenteilung zwischen sich und dem kirchlichen Amt. Einerseits legte die Mainzer Generalversammlung der katholischen Vereine, die als erster Deutscher Katholikentag in die Geschichte eingegangen ist, großen Wert darauf, von Laien getragen und geleitet zu sein. So heißt es im amtlichen Bericht über diese Veranstaltung: "Daß die Vorsitzenden, wie die Mehrzahl der Schriftführer weltlichen Standes waren, sprach den Charakter des Vereins als eines Laienvereins deutlich aus. Befand sich unter den Abgeordneten auch eine beträchtliche Anzahl von Priestern, so waren sie es als Bevollmächtigte, als Vertrauensmänner des sie sendenden Volkes."[3]
Und wie selbstverständlich wählte die Versammlung nicht den einladenden und gastgebenden Domkapitular Lennig zu ihrem Präsidenten, sondern den Abgeordneten Prof. Franz Josef v. Buß. Andererseits jedoch beschränkte man sich ausdrücklich auf politische Ziele, nämlich auf die Durchsetzung der kirchlichen Freiheiten und Rechte als unverzichtbarer Bestandteil der bürgerlichen Freiheiten, die Hebung der geistigen und sittlichen Bildung des Volkes und die Beseitigung der "herrschenden socialen Mißverhältnisse", sowie auf den weiteren Aufbau der katholischen Laienbewegung. Dagegen verzichtete der erste Katholikentag nach längerer Debatte darauf, den damals durchaus erörterten Wunsch nach kirchlichen Synoden seinerseits zu unterstützen. Dies, so befand man, sei Angelegenheit der Bischöfe. Zugleich wurden diese nicht um ihre Zustimmung zu den Beschlüssen des Katholikentages gebeten, sondern - in wohlbedachter Unterscheidung - um ihre Unterstützung für dessen Aktivitäten.[4]
Die Geschäftsgrundlage war also gleichsam: Jeder tut das seine in eigener Verantwortung; das kirchliche Amt ist für die Kirche und den Glauben zuständig, die Laien dagegen für das christliche Leben in der Welt. Hinter diesem ebenso griffigen wie schlichten, um nicht zu sagen, naiven Konzept, das heute noch in manchen Köpfen spukt, stand die Vorstellung, es gäbe ein christliches Staats- und Gesellschaftsideal, das sich unmittelbar und für alle Zeiten aus dem christlichen Glauben ableiten ließe. Wie der Glaube selbst wäre diese christliche Staats- und Gesellschaftslehre vom kirchlichen Amt zu bewahren und auszudeuten, während die Laien dies in der Welt umzusetzen hätten. So schrieb Leo XIII. 1885 in seiner Enzyklika "Immortale Dei",

---

[3] Ibid., S. 47 - 48.
[4] Ibid., S. 34 - 60.

"daß man niemals eine bessere Ordnung für die Verfassung und Leitung eines Staatswesens gefunden hat, als jene, die sich aus der Lehre des Evangeliums von selbst ergibt."[5]
Allerdings schrieb Leo XIII. 1890 in seiner Enzyklika "Sapientiae christianae", daß "es die Kirche nicht für einen Gegenstand ihrer Entscheidung (hält), welche Staatsform vorzuziehen sei oder welcher Einrichtung christliche Völker in bürgerlicher Hinsicht bedürfen; die verschiedenen Staatsformen sind ihr sämtlich genehm, solange sie die Religion und das Sittengesetz nicht verletzen."[6]
Der Widerspruch ist unübersehbar: Entweder ergibt sich die Staatsform unmittelbar aus dem Evangelium, oder aber es ist zu entscheiden, welche Staatsform Religion und Sittengesetz nicht verletzen. Der Widerspruch war auch 1848 nicht geringer. Denn worauf sich die deutschen Katholiken im Revolutionsjahr mit großer Energie und innerer Zustimmung einließen, war das Konzept einer freiheitlichen Verfassung, die schwerlich in Einklang zu bringen war mit der Verurteilung der bürgerlichen Revolution von 1789 und der Verteidigung legitimistischer Prinzipien durch die Päpste. Der Widerspruch war auch keine Sache der Vergangenheit. Zwar galt der gerade ins Amt gelangte Pius IX. für liberal. Doch nicht für lange. Und 1864 bezeichnete er die von den deutschen Katholiken geforderte Glaubens- und Gewissensfreiheit neben anderen für uns selbstverständlichen Grundsätzen einer freiheitlichen Gesellschaft als eine zu verurteilende Irrlehre.[7]
Die 1848 vom Mainzer Katholikentag praktizierte Aufgabenteilung reduzierte zwar das Problemfeld und schuf dadurch praktischen Handlungsraum für eine eigenständige Laienbewegung. Sie beruhte aber auf einer Fiktion, deren innere Problematik jedoch nicht aktuell war und vom vordringlichen Ziel, die Freiheit der Kirche zu sichern und den gesellschaftlichen Status der deutschen Katholiken zu verbessern, überdeckt wurde. Was nicht bedeutet, daß niemand den Widerspruch sah. Eine Persönlichkeit wie Ludwig Windthorst hielt weder den Syllabus von 1864 für sinnvoll, noch schien ihm später das Unfehlbarkeitsdogma notwendig und opportun.[8]

---

5 Wilhelm Weber, Kirche und Demokratie. Katholische Soziallehre in Text und Kommentar, Heft 9, 1978, S. 11.

6 Ibid., S. 15-16.

7 So wird unter dem § III des Syllabus von 1864 folgende Auffassung als ein mit der Lehre der Kirche unvereinbarer Irrtum bezeichnet: "Es steht jedem Menschen frei, jene Religion anzunehmen und zu bekennen, welche er, durch das Licht seiner Vernunft geführt, für wahr hält." In der den Syllabus ergänzenden Enzyklika "Quanta cura" schreibt Pius IX.: "Und zuwider der Lehre der Heiligen Schrift, der Kirche und der heiligen Kirchenväter tragen sie kein Bedenken, zu behaupten, daß die beste Lage der Gesellschaft die sei, wo der weltlichen Macht das Amt nicht zuerkannt ist, durch gesetzliche Strafen die Verletzer der katholischen Religion zu züchtigen, es sei denn, daß der öffentliche Friede es gebiete."

8 Rudolf Morsey, Wegbereiter der Christlichen Demokratie: Ludwig Windthorst (1812 - 1891). Kirche und Gesellschaft Nr. 178, 1991, S. 8.

Aber auch beim Mainzer Katholikentag von 1848 klang trotz aller Selbstbeschränkung auf den politischen Bereich die Einsicht durch, daß für den katholischen Christen ein Zusammenhang besteht zwischen dem kirchlichen Leben und dem gesellschaftlichen Leben, der nicht auf unterschiedliche Verantwortungsbereiche aufgeteilt werden kann. So spricht die Einleitung zum amtlichen Bericht davon, es müsse "das katholische Volk selbst sich erneuern im Geiste und in der Kraft seines Glaubens - und dieses soll geschehen durch den großen katholischen Verein, den wir für ganz Deutschland schließen zur Wahrung der kirchlichen Freiheit, zur Rettung und Wiederherstellung der christlichen Gesinnung und Gesittung im Volke, zur Besiegung der Armut, des Elendes, der socialen Übel durch die Weisheit und Wirksamkeit der christlichen Liebe."[9]
Eine ganzheitliche Sicht also, die auf Dauer nicht in einer statischen Aufgabenteilung aufgehen kann, sondern die nur Schwerpunkte zuläßt und ein dynamisches Herangehen erfordert, mithin also Konsensfindung und Kooperation, die ohne gemeinschaftlichen Dialog nicht zu haben sind.
Was uns dieser notwendigerweise kurze Blick zurück zeigt, ist, daß der engagierte Laie kein lebensfremdes theoretisches Konstrukt nachkonziliarer Irrwege ist, sondern ein vitales Produkt der neuzeitlichen Geschichte. Die Bedeutung der Laien und ihrer Organisationen und Gremien für die Kirche von heute kann nur vor diesem Hintergrund verstanden werden. Der katholische Laie in diesem Sinne ist ein Bürger der heutigen Gesellschaft, die sich im Verlauf der Neuzeit immer stärker zu einer Ordnung der Freiheit und der Selbstbestimmung hin bewegt. Als katholischer Christ will er in dieser Gesellschaft diesen Glauben leben und bezeugen und die Kirche zu einem mitbestimmenden Faktor machen. Die Laien sind also in einem doppelten Sinne Glieder eines Volkes - des Volkes Gottes in der Kirche, aber zugleich auch des Volkes dieser Gesellschaft, mit deren Kenntnissen, Erfahrungen und Erwartungen. Der katholische Laie der Neuzeit war, jedenfalls in Deutschland, von Anfang kein Einzelwesen, sondern ein zusammen mit anderen Handelnder, und er fühlte sich als Teil einer Gesamtheit, die gemeinsam und öffentlich in der Gesellschaft Verantwortung übernimmt. Eine solche Gesamtheit kann sich aber nur konstituieren und immer erneut zur Wirkung bringen durch Debatte und Aktion. Debatte und Aktion erfordern aber für ihre Stabilität und Effektivität Organisationen und Institutionen und mithin also, um beraten, entscheiden und handeln zu können, Gremien. Zwar war das Wort damals nicht Mode und insoweit habe ich recht, es mit unseren sechziger und siebziger Jahren zu assoziieren, aber es gab sie der Sache nach, und sie spielten eine wichtige Rolle für die Herausbildung des deutschen Katholizismus.
Die katholische Laienbewegung in Deutschland hat in der zweiten Hälfte des 19. Jahrhunderts und in der ersten Hälfte des 20. Jahrhunderts Erkennt-

---

9 Hürten (Anm. 2), S. 54.

nisse praktisch vorweg genommen und erprobt, die nach der Erfahrung des II. Weltkrieges und zweier totalitärer Diktaturen von Pius XII. wiederholt ausgesprochen, vom II. Vatikanum dann prinzipiell formuliert und in den Folgejahren weiter entwickelt worden sind. Diese Gedanken hat Papst Johannes Paul II. 1988 nach einer diesem Thema gewidmeten Bischofssynode in seinem Nachsynodalen Apostolischen Schreiben Christifideles Laici "Über die Berufung und Sendung der Laien in Kirche und Welt"[10] zusammengefaßt. Wer über die heutige Rolle des Laien in der Katholischen Kirche spricht, muß sich mit diesem Schreiben beschäftigen.
Einleitend bezieht sich der Papst ganz ausdrücklich auf die gegenwärtige geschichtliche Situation, um die Aktualität des Themas zu begründen:
"Neue kirchliche, gesellschaftliche, wirtschaftliche, politische und kulturelle Gegebenheiten rufen heute mit besonderer Intensität nach dem Engagement der Laien."[11]
In der Definition der Laien stützt sich der Papst auf die Aussagen des Konzils, das, wie er sagt, "auf die vorausgegangenen, vorrangig negativen Interpretationen" verzichtet hat und in der Konstitution "Lumen Gentium" unter Laien "alle Christgläubigen (versteht), mit Ausnahme der Glieder des Weihestandes und des von der Kirche anerkannten Ordensstandes, das heißt, die Christgläubigen, die durch die Taufe Christus einverleibt, zum Volke Gottes gemacht und des priesterlichen, prophetischen und königlichen Amtes Christi auf ihre Weise teilhaftig, zu ihrem Teil die Sendung des ganzen christlichen Volkes in der Kirche und in der Welt ausüben."[12]
Sowohl in der Charakterisierung der geschichtlichen Notwendigkeit durch den Papst als auch in der Definition der Laien als Teil des christlichen Volkes durch das Konzil werden also die Bereiche von Kirche und Welt gemeinsam und zunächst unterschiedslos genannt, dann jedoch unterschiedlich definiert. Schon das Konzil hatte erklärt: "Den Laien ist der Weltcharakter in besonderer Weise eigen." Sie "leben in der Welt, das heißt in all den einzelnen irdischen Aufgaben und Werken und den normalen Verhältnissen des Familien- und Gesellschaftslebens, aus denen ihre Existenz gleichsam zusammengewoben ist".[13] Die Bedeutung dieser Aussagen wird erst recht deutlich, wenn man sie mit der Feststellung des Konzils zusammenhält, "daß die geschaffenen Dinge und die Gesellschaften ihre eigenen Gesetze und Werte haben, die der Mensch schrittweise erkennen, gebrauchen und gestalten muß".[14] Aus dieser Eigengesetzlichkeit der gesellschaftlichen Ver-

---

[10] Verlautbarungen des Apostolischen Stuhls 87: Nachsynodales Apostolisches Schreiben Christifideles Laici von Papst Johannes Paul II. über die Berufung und Sendung der Laien in Kirche und Welt. 30. Dezember 1988.

[11] Ibid., S. 10.

[12] Ibid., S. 17.

[13] Ibid., S. 23.

[14] Die Kirche in der Welt von heute, Teil I, Kap. III, Art. 36. In: Die Beschlüsse des Konzils. Leizpig 1966, S. 167.

hältnisse, die mit dem Leben der Laien in besonderer Weise verbunden sind und von ihnen gestaltet werden, ergibt sich zwingend die Verantwortung und Entscheidungskompetenz der Laien.
Der Papst stellt nun die Aktivität der Laien in den Zusammenhang ihrer Teilhabe am Leben in der communio der Kirche. Zwar unterstreicht er, daß die communio gekennzeichnet sei "von der Koexistenz der Verschiedenheit und der Komplementarität der Berufungen, Lebenssituationen, Dienste, Charismen und Verantwortungen".[15] Die durch die Begriffe der Koexistenz und der Komplementarität ausgesagte Beziehung der Kooperation wird jedoch auf die hierarchische Struktur bezogen, die sich aus den Weiheämtern ergibt. Diese aus dem Sakrament des Ordo abgeleiteten Ämter "realisieren und machen eine andere Art der Teilhabe am Priestertum Jesu Christi sichtbar, die nicht nur im Grad, sondern wesenhaft verschieden ist von der Teilhabe, die mit Taufe und Firmung allen Gläubigen gegeben ist."[16] Zwar können auch Laien mit bestimmten Aufgaben beauftragt werden, doch leiten sie dann ihre Legitimation zu diesem Dienst von der Beauftragung ab. "Nicht eine Aufgabe konstituiert das Amt, sondern das Sakrament des Ordo," stellt der Papst klar.[17]
Ich kann hier die katholische Grundposition in bezug auf die sakramentale Struktur der Kirche und das sich daraus ergebene Verhältnis von besonderem und allgemeinen Priestertum und damit von kirchlichen Amt und Laien nur sehr gerafft referieren. Dennoch muß es erlaubt sein, darauf hinzuweisen, daß in diesem Text einige aktuelle Probleme unausgesprochen bleiben und darum auch nicht erkennbar ist, wie sie gelöst werden könnten. Das ist erstens das Spannungsverhältnis zwischen kooperativer Beziehung und hierarchischer Beziehung, die für die Existenz und die überzeugende Daseinsform der Kirche in einer freiheitlichen Gesellschaft von großer Brisanz ist. Das ist zweitens die Frage nach der grundsätzlich begründeten und nicht etwa nur herkömmlichen Definition jener Aufgaben, die ausschließlich dem Weihepriestertum vorbehalten sind. Das ist drittens die diffizile, jedoch praktisch brennende und für die Selbstachtung einsatzbereiter und in der Sache kompetenter Laien höchst aktuelle Frage, ob eine Notsituation eine Abweichung rechtfertigt und wann aus dem Notfall der Normalfall wird. Das ist viertens die bedeutsame, weil kirchengeschichtlich gerechtfertigte Frage nach der Unterscheidung zwischen der unaufgebbaren sakramentalen Grundstruktur der Kirche und der sich verändernden und also nur historisch bedingten Ausformung des kirchlichen Amtes. Das ist fünftens die Frage nach der Wechselwirkung zwischen dem Evangelium und den Lehren der Kirche einerseits und der besonderen Aufgabe der Laien zur Gesellschaftsgestaltung aus christlicher Verantwortung andererseits - eine Beziehung, die ja nach

---

15 Verlautbarungen (Anm. 10), S. 31.
16 Ibid., S. 34.
17 Ibid., S. 35.

aller geschichtlichen Erfahrung eben nicht auf das Verhältnis von Vorgabe der inhaltlichen Richtung durch das Amt und deren Ausführung durch die Laien simplifiziert werden kann. Übrigens hat auch im vorigen Jahrhundert eine Persönlichkeit wie Ludwig Windthorst ihre politische Aufgabe nicht so verstanden. Und das ist schließlich die Frage, welche Bedeutung denn für die Praxis der Kirche der Glaubenssinn des gesamten christlichen Volkes, also auch der Laien, hat, da er ja doch schwerlich allein durch die Rolle des Hörenden zur Wirkung kommen kann.

Es hätte wahrlich nicht der Instruktion zu einigen Fragen über die Mitarbeit der Laien am Dienst der Priester[18] bedurft, um herauszufinden, was die Folgen sind, wenn man solche Fragen ignoriert und statt dessen auf die unrealistische Perspektive setzt, die Gegenwart würde sich bald wieder in die Vergangenheit verkehren. Das ist eine verengte Sicht, die der Bewegung nicht gerecht wird, mit der sich das II. Vatikanum aus der Kraft des Glaubens den Herausforderungen der Gegenwart stellen wollte. Und es ist auch eine Enttäuschung nach den weiterführenden und vertiefenden Überlegungen der Bischofssynode von 1987.

Bemerkenswert für unser Thema ist, daß Christifideles Laici im weiteren Gedankengang sodann zunächst eine prinzipielle Unterscheidung trifft zwischen den "Ämtern, die sich aus dem Sakrament des Ordo ableiten" und den "Diensten, Aufgaben und Funktionen der Laien",[19] danach beide Aufgabenfelder unter den Oberbegriff stellt "Teilhabe der Laien am Leben in der communio der Kirche"[20] und erst dann die Strukturen für das Wirken der Laien als "Modalitäten" unterscheidet.[21] Die Frage drängt sich auf, ob also letztlich die Hierarchie für beide Aufgabenfelder zumindest die letzte Zuständigkeit haben soll? Jedenfalls wird später ausdrücklich an das Modell der Katholischen Aktion erinnert, durch das bekanntlich eine Laienbewegung unter bischöflicher Leitung entstehen sollte.[22] Im folgenden werden als Modalitäten zunächst die Möglichkeiten der Laienteilhabe an Diözesanpastoralräten und Partikularkonzilien sowie in der Pfarrei genannt[23] und dann die individuellen Formen der Teilhabe,[24] bevor schließlich der Text auf die gemeinschaftlichen Formen zu sprechen kommt.[25] Hier wird zunächst eine kontinuierliche Linie von den Bruderschaften über die Drittorden bis zu den Vereinigungen gezogen, jedoch die Vielfalt der Formen betont. Allerdings stehen auch dann zunächst jene Gemeinschaften und Gruppen im Vorder-

---

18 Verlautbarungen des Apostolischen Stuhls 129: Instruktion zu einigen Fragen über die Mitarbeit der Laien am Dienst der Priester. 15. August 1997.

19 Verlautbarungen (Anm. 10), S. 34.

20 Ibid., S. 39.

21 Ibid., S. 43.

22 Ibid., S. 48.

23 Ibid., S. 39-43.

24 Ibid., S. 43-44.

25 Ibid., S. 44-45.

grund, die "im Kontext einer pluralistischen und zersetzten Gesellschaft" das Ziel haben, "ein christliches und mit den Forderungen des Evangeliums kohärentes Leben zu führen und ein missionarisches und apostolisches Engagement einzugehen",[26] also offenbar solche gemeinschaftliche Formen, denen es primär darum geht, durch vorbildliche Lebensführung auf die Gesellschaft auszustrahlen. Erst danach geht der Text auf das vom II. Vatikanum ausdrücklich anerkannte ekklesiologische Prinzip ein, "im gemeinschaftlichen Apostolat ein 'Zeichen der Gemeinschaft und der Einheit der Kirche in Christus' zu sehen. In diesem Zusammenhang wird dann "das freie Vereinsrecht der Laien in der Kirche anerkannt",[27] und es werden Kriterien für die kirchliche Anerkennung solcher Zusammenschlüsse formuliert, nämlich das Primat der Berufung eines jeden Christen zur Heiligkeit, das Bekenntnis zum katholischen Glauben, die communio mit Papst und Bischof, die Übereinstimmung mit der apostolischen Zielsetzung der Kirche und die Verpflichtung zu einer engagierten Präsenz in der menschlichen Gesellschaft.[28]
Damit sind wir wieder bei den Laiengremien, die sich in Deutschland seit der Mitte des vorigen Jahrhunderts entwickelt haben, um gemeinschaftlich als Christen in die Gesellschaft hineinzuwirken, und die sich dann im Geist der vom II. Vatikanum hervorgehobenen gemeinsamen Verantwortung aller katholischen Christen im Bild des Volkes Gottes neu definierten. Es sind dies die katholischen Verbände und Organisationen, die Räte auf der Pfarr-, Dekanats- und Bistumsebene, insbesondere die Diözesan- oder Katholikenräte, sowie schließlich das Zentralkomitee der deutschen Katholiken, welches Delegierte aus den Räten und der Organisationen sowie von diesen hinzugewählte Persönlichkeiten in sich vereinigt. Seine wichtigste öffentliche Manifestation sind die Deutschen Katholikentage, die vor 150 Jahren ihren Anfang nahmen. Auf diese Strukturen richten sich naturgemäß in Deutschland die Blicke, wenn von der Bedeutung der Laiengremien für die Kirche von heute die Rede ist.
Dabei müssen wir uns freilich darüber im Klaren sein, daß das ZdK und die Katholikentage das Ergebnis einer Entwicklung sind, die zwar mancherlei europäische Anregungen erfuhr, die aber so nur auf Grund einer spezifischen geschichtlichen Konstellation in Deutschland stattgefunden hat. Es gibt also keinen Grund, sich über den schwachen Reflex unserer Strukturen im päpstlichen Text noch über manches römische Unverständnis zu wundern, wobei ich von letzteren ausdrücklich jene ausnehme, die aus Deutschland transportiert werden. Das ZdK und die Katholikentage sind Unikate. Nur in Österreich finden wir noch Vergleichbares. Im Kontext der Weltkirche macht dies das ZdK und die Katholikentage zugleich attraktiv und schwach, weil ohne

---

[26] Ibid., S. 45.
[27] Ibid., S. 45-46.
[28] Ibid., S. 46-47.

internationale Rückbindung und immer wieder unangemessenen Vergleichen unterworfen.
Nun kann man die Existenz einer Struktur aus der Geschichte erklären. Ihren Sinn muß jedoch sie in der Gegenwart finden. Diesen Sinn will ich exemplarisch für alle Laiengremien am Zentralkomitee der deutschen Katholiken darstellen, weil dieses durch seine Zusammensetzung aus Delegierten der unterschiedlichen Räte und Organisationen, die ihrerseits auf vielfältige Weise in der Basis der Laienarbeit in Kirche und Gesellschaft verwurzelt sind, so repräsentativ für das katholische Leben und nach allgemein anerkannten Vorstellungen so gesellschaftlich legitimiert ist wie nichts und niemand sonst im katholischen Deutschland. Das mag für manche ärgerlich sein, aber keine noch so törichte Behauptung kann daran auch nur einen Deut ändern. Das Zentralkomitee umfaßt heute 97 Delegierte, die von der Arbeitsgemeinschaft der katholischen Verbände, Organisationen und Gemeinschaften gewählt werden, und 84 Delegierte, die von der Arbeitsgemeinschaft der Diözesan- und Katholikenräte gewählt werden sowie derzeit 42 Einzelpersönlichkeiten, die von diesen Delegierten hinzu gewählt werden, insgesamt also 223 Mitglieder. Das ist, um mit etwas Oberflächlichem zu beginnen, eine ziemlich große Zahl für ein Gremium dieses Namens. Man könnte es auch Kongreß oder Parlament der deutschen Katholiken nennen. Zum Beispiel hat der Sächsische Landtag 120 Abgeordnete. Daß dennoch an diesem Namen festgehalten wurde, geschah aus Respekt vor einer großen Geschichte. Aber diese Geschichte belastet den Namen auch. Zunächst einmal durch die unerfreuliche Erinnerung an andere Träger der Bezeichnung Zentralkomitee. Mancher kann da der Versuchung zu Bemerkungen nicht widerstehen, die freilich recht betrachtet nur für den ehrenrührig sind, der sie zu machen für richtig hält, und nicht für das ZdK. Das Zentralkomitee der deutschen Katholiken wurde 1868 gegründet als die Träger ähnlichen Namens noch gar nicht existierten. Keines aus den historischen Restbeständen der später Gekommenen wird so alt werden wie das ZdK. Das können wir getrost abwarten. Ernster ist schon, daß die Bezeichnung ZdK ursprünglich für ein relativ kleines Gremium gewählt wurde, das im wesentlichen der Organisation und Koordination diente. Die großen Debatten um künftig gemeinsam zu vertretene Positionen wurden auf den Generalversammlungen geführt, den heutigen Katholikentagen. Heute ist - neben den großen Foren auf den Katholikentagen - die Vollversammlung des ZdK selbst der Ort der Debatte und der grundsätzlichen Entscheidung.
Damit kommen wir zum Wesen des heutigen Zentralkomitees der deutschen Katholiken: Es ist ein repräsentatives dialogisches Forum, das katholische Christen zusammenführt, die sich in unterschiedlichen Bereichen von Kirche und Gesellschaft engagieren und die, weil sie ihrerseits das Vertrauen einer großen Vielfalt von Gruppen und Kreisen genießen, die Auffassungen und Anliegen vieler Katholiken kennen und formulieren können. Mithin steht das ZdK für die katholische Laien Deutschlands in nuce so wie jeder ordnungs-

gemäß gewählte Pfarrgemeinderat die Pfarrgemeinde in nuce ist. In einer komplexen und unübersichtlichen Gesellschaft, in der Menschen persönlich motiviert werden müssen, um für gemeinschaftliche Anliegen tätig zu werden, ist ein solcher Kreis, in dem noch ein wirkliches Gespräch möglich ist, von unschätzbarem Wert. Er ist eine Chance, die freilich genutzt werden muß. Der Kreis muß Partner einschließen und Partner finden, die sich für Gesprächsthemen interessieren und die Gesprächsergebnisse aufgreifen, umsetzen und weiterführen. Das gilt gleichermaßen für die Laien und ihre Gremien ringsum im Land und für die Repräsentanten des kirchlichen Amtes. Sicherlich darf das keine Bewegung um der Bewegung willen sein. Aber reines Bewahren hält Glauben und Kirche nicht lebendig. Und überdies ist nichts überflüssiger als ein reines Akklamationsgremium.

Wie die Laienaktivität, so hat auch das Zentralkomitee zwei Themen- und Aktionsfelder. Das erste und wichtigste (manche meinen auch: das eigentliche) ist die Gesellschaft. Hier hat die Situation gegenüber früheren Jahrzehnten zwei gründliche Änderungen erfahren. Erstens hat die Kirche lernen müssen, daß es kein politisches und soziales Programm geben kann, das zeitlos aus dem Evangelium und den Lehren der Kirche abgeleitet und auf die Gesellschaft übertragen werden könnte. Also kann es auch keine katholische oder christliche Partei mit einem Monopolanspruch geben. Zwar können katholische oder christliche Parteien geschichtlich gerechtfertigt sein und eine sinnvolle politische Rolle spielen, aber ihr Bekenntnis zur christlichen Verantwortung allen politischen Handelns ist ihnen nicht Anspruch an andere, sondern Selbstverpflichtung. In einer pluralistischen Gesellschaft, in der es keine prinzipiellen Konflikte zwischen Staat und Kirche gibt, werden daher in einem dialogischen Forum, wie es das ZdK darstellt, notwendigerweise unterschiedliche politische Positionen artikuliert. Das unterscheidet heute auch Katholikentage von jenen Zeiten, in denen sie Ludwig Windthorst durch seine großen Reden zu einer Heerschau des Zentrums machen konnte. Dadurch werden jedoch weder die Katholikentage noch die Vollversammlungen des Zentralkomitees zu Märkten der Beliebigkeit. Denn die Verantwortung des katholischen Christen für die Gesellschaft bleibt Basis des Dialogs und Kriterium der Konsensfindung. Zugleich kann in einer zerstrittenen Gesellschaft, deren Wertegrundlagen ständig hinterfragt und bedroht sind, ein solcher Dialog unter katholischen Christen zum Beispiel des verantwortlichen und konstruktiven Umgangs miteinander für die übrige Gesellschaft werden. Die Erkenntnis der Notwendigkeit orientierender Werte und ihrer Wirkung mag dann für die Suchenden auch den Blick auf den Glaubensgrund lenken, aus denen Wertehaltungen der Mitmenschlichkeit und des Gottvertrauens erwachsen. Im Vergleich zur Zeit des Entstehens der Laienbewegung und ihrer Gremien im vorigen Jahrhundert kommt ihnen also heute eine ungleich größere Bedeutung zu. Konnte man in einer Zeit größerer politischer Homogenität meinen, die Laiengremien und Laienmanifestationen wären Verstärker oder Resonanzboden für die Programmpunkte einer katholischen Politik, so müssen sie jetzt in einem sehr viel komplexeren politischen Kontext dazu dienen, spezifisch christliche Anliegen herauszuarbeiten (so z.B. in der Familienpolitik) und christliche Wertmaßstäbe für politisches Handeln zur Wirkung zu bringen. Freilich stehen das Zentralkomitee und die Katholikentage wie ja auch andere Akteure in der Politik vor der Schwierigkeit, nicht nur ihre Standpunkte, sondern auch den argumentativen Prozeß, in dem diese formuliert wurden, der Öffentlichkeit vermitteln zu müssen. Das ist mühsam und gelingt nur mit unterschiedlichem Erfolg. Gleichwohl sind auch heute Katholikentage Ereignisse, die ein erhebliches Öffentlichkeitsinteresse mobilisieren und denen es auch gelingt, nachdenkliche Aussagen zu vermitteln und Glaubensfreude überzeugend zu präsentieren. Der Mainzer Jubiläumskatholikentag von 1998 hat das erneut bewiesen. Das ZdK hat es da ungleich schwerer, wenn es sich nicht gerade um Konfliktthemen handelt. Ganz generell steht solchem Bemühen um öffentliche Aufmerksamkeit die Neigung der Medien entgegen, vorzugsweise solche Botschaften zu transportieren, die in einem Satz formuliert werden können und sich möglichst auch noch dramatisch zuspitzen lassen. Freilich verspräche diese Neigung der Medien nicht solchen Erfolg, wenn es in der Gesellschaft nicht eine so große Bereitschaft gäbe, auf einfache Erklärungen und vor allem auf billige Lösungen zu setzen.

Allerdings sollten wir uns eingestehen, daß dies eine Versuchung ist, in der wir alle stehen und die in früheren Zeiten gewiß nicht geringer war. Was jedoch unsere Gesellschaft heute stärker kennzeichnet - und das ist die zweite grundlegende Veränderung gegenüber früheren Zeiten - das ist die deutlich abnehmende Bereitschaft, bindende Wertnormen und überindividuelle Verpflichtungen gegenüber seinen Mitmenschen und der Gemeinschaft anzuerkennen. Individualismus wurde zum Kult, der das Ideal der Freiheit als gemeinschaftliches Ordnungskonzept in Frage stellt. Überdies gibt es Tendenzen eines militanten Laizismus, der sich im Westen als modischer Zeitgeist gibt und im Osten das Erbe des marxistischen Atheismus und seiner aggressiven Antikirchlichkeit antritt. Gegen diese Tendenzen hat das ZdK auf seiner Erfurter Studientagung im Oktober 1997 das Wort von der kritischen Zeitgenossenschaft und vom solidarischen Zeugnis der Hoffnung gesetzt.[29] Zeitgenossenschaft, weil wir diese Gesellschaft nicht anderen überlassen dürfen, aber die Maßstäbe unseres Lebens und Handelns die Werte und Wahrheiten unseres christlichen Glaubens sind; solidarisches Zeugnis, weil wir uns in dieser Gesellschaft gleichsam gegen den Wind zur Frohen Botschaft bekennen, aber unser Zeugnis nicht Abkehr von unserer Zeit, sondern Antwort auf die Fragen und Sehnsüchte unserer Mitmenschen

---

[29] Dialog und Solidarität. Christen in der pluralistischen Gesellschaft: Kritische Zeitgenossenschaft und solidarisches Zeugnis der Hoffnung. Studientag des Zentralkomitees der deutschen Katholiken. Erfurt 1997. Hrsg. v. Hans Joachim Meyer. ICS Schriften 41. Münster 1999.

sein will. Damit lassen wir uns bewußt auf das Spannungsverhältnis ein, das schon immer in der Geschichte zwischen dem Glauben und der Gesellschaft bestand, das aber nur dann fruchtbar werden kann, wenn wir uns auf die Gegenwart einlassen und uns nicht in der Vergangenheit verkriechen.
Auch wenn wir uns ausdrücklich zur besonderen gesellschaftlichen Verantwortung des Laien bekennen, wäre es absurd, die Mitverantwortung für die Kirche und das kirchliche Leben auf den vollziehenden Gehorsam zu reduzieren. Wer eine solche Auffassung vertritt, geht von zwei unhaltbaren Vorstellungen aus. Erstens sieht er eine Mauer zwischen Kirche und Welt, die zu keiner Zeit existiert hat und die auch keinen Bestand haben könnte. Wer Mauern errichten will, hat Angst. Es mag ja erhebend sein, die Metapher vom Fels in der Brandung zu beschwören, aber wie alle Bilder zeigt auch dieses nur einen Aspekt der Wirklichkeit. Die Kirche stand immer im Austausch mit ihrer Zeit, so wie jeder Christ auch immer zugleich ein Kind seiner Zeit war. Freilich ist die Auseinandersetzung mit der Zeit oft bitter, aber diese Bitterkeit hat zwei sehr unterschiedliche Gründe. Sicher ist es einerseits die alte Versuchung des Menschen, über alle Erkenntnis zu verfügen und zu sein wie Gott und darum den Glauben ganz oder teilweise, faktisch oder grundsätzlich über Bord zu werfen. Aber es ist auch immer die Versuchung der Kirche und der Christen, das Vertraute für das Wahre und Unwandelbare zu halten. So ist die Auseinandersetzung der Kirche mit ihrer Zeit notwendigerweise schmerzhaft. Sie muß das ihr anvertraute Gut der Wahrheit gegen alle Anfechtung und Anfeindung verteidigen. Aber sie muß sich auch von dem trennen, was sich mit der Botschaft als Zutat und äußere Form beim Gang durch die Geschichte verbunden hat, zu seiner Zeit auch sinnvoll gewesen sein mag, nun aber stört oder behindert. Wie oft hat sich die Kirche an Ausdrucks- und Existenzformen geklammert, die ihr dann doch in der Hand zerbrachen und die uns heute nichts mehr bedeuten, ja, an die wir uns nicht selten weder erinnern können noch erinnern wollen. Nach all dieser historischen Erfahrung können wir doch nicht ernsthaft meinen, jetzt sei es aber genug mit jeder Veränderung und die Kirche müsse sich wieder hinter Mauern schützen. Vor unseren Augen lösen sich im Verlauf der Kirchengeschichte entstandene Formen und Strukturen auf, zugleich entsteht um uns herum eine neue Gesellschaft, in der wir wirksam sein müssen, und wir sollen uns nicht fragen und darüber nachdenken dürfen, welche Gestalt die Kirche in dieser Zeit haben muß? Hat sie nicht auch in der Vergangenheit ihre Gestalt immer wieder geändert, um ihrer Aufgabe gerecht zu werden, wenn auch leider oft viel zu spät? Also muß sie es auch jetzt tun. Und da die Kirche schon immer in ihrer Geschichte - und zwar notwendigerweise - das Baumaterial für die neuen Ausdrucks- und Existenzformen aus ihrem gesellschaftlichen Umfeld genommen hat, wäre sie gut beraten, die in den Laiengremien versammelte Kompetenz und Erfahrung dafür zu nutzen. Denn die Frauen und Männer, die da zusammenkommen, kennen diese Gesellschaft in ihren Stärken und in ihren Schwächen, weil sie mitten

im Leben dieser Gesellschaft stehen. Sie sind nämlich in ihrer übergroßen Mehrheit keine hauptamtlichen Funktionäre oder sogenannte Berufskatholiken, wie von manchen Leuten behauptet wird, sondern sie widmen ihre Freizeit der Kirche, weil ihnen die Zukunft der Kirche viel bedeutet. Im übrigen verfügen auch Laien, die hauptamtlich in der Kirche tätig sind, über eine Kompetenz und Erfahrung, die für die Kirche unverzichtbar ist.
Die zweite unhaltbare Vorstellung, die mit der ersten zusammenhängt, meint, weil die Wahrheit des Glaubens unwandelbar ist, müsse diese Wahrheit auch unwandelbar verkündet werden. Zwischen dem Glauben und dem Geist der Zeit gäbe es eine unüberbrückbare Kluft. Diese Argumentation beruht auf einem doppelten Irrtum. Zunächst einmal ist es erheiternd festzustellen, wie die gleichen Leute, die glaubensfest gegen den Zeitgeist wettern, dabei stets nur den neu auftretenden Zeitgeist meinen, fast nie aber Probleme damit haben, daß in ihrem eignen Bildungshintergrund Glaubensgut und Geist vergangener Zeiten eine feste Symbiose eingegangen sind. Bedeutsamer jedoch ist, daß eine solche Vorstellung entgegen gut begründeter Erkenntnis nicht einsieht, daß eine Wahrheit nur dann lebendig bleibt und zur Wirkung kommt, wenn sie zum Gegenstand der Kommunikation gemacht wird. Und es kann ja wohl nicht bestritten werden, daß Verkündigung ein Kommunikationsvorgang ist und sein muß. Kommunikation ist aber keine statische Größe, sondern ein dynamischer Prozeß, eine Wechselwirkung von Botschaft und Reaktion, Frage und Antwort, die sich gegenseitig bedingen und nicht voneinander getrennt werden können - weder in ihrer Form und Sprache, noch in ihrem Inhalt. Niemand kann ernsthaft behaupten, daß die Kirche heute so spricht und in allem das Gleiche sagt, wie im vorigen Jahrhundert oder in der frühen Neuzeit oder gar im Mittelalter. Das hieße ja auch, das didaktische Prinzip des Katechismus zu verkennen und dem zu einem bestimmten Zeitpunkt formulierten Frage-und-Antwort-Paar Ewigkeitswert zuzumessen. "Das Schwören bei geronnenen Formeln ist offensichtlich eine Sache der Epigonen," hat Karl Lehmann 1976 in einem Vortrag gesagt.[30] Und ist es denn nicht statt dessen ein beglückende und befreiende Erfahrung, daß die Kirche auf ihrem geschichtlichen Weg aus dem Gut des Glaubens auf immer neue Fragen der wechselnden Zeiten auch immer wieder eine Antwort hat geben können? Freilich hat keine Suche die Garantie des Erfolgs, sondern steht in der Gefahr des Mißlingens. Josef Ratzinger hat 1974 auf die Notwendigkeit hingewiesen, "die Tradition gegen die Tradition zu schützen, d.h. im vielfältigen Wucherwerk von Einzelüberlieferungen nicht zu ertrinken, sondern rechtzeitig je das Zufällige, Augenblickliche zu beschneiden und in Grenzen zu halten zugunsten der wirklich grundle-

---

[30] Karl Lehmann, Verbindliche Lehraussagen und Geschichtlichkeit des Lebens der Kirche (1976). In: Glaube und Geschichte. Theologisches Jahrbuch 1979. Leizpig, S. 402.

genden Zusammenhänge",[31] im gleichen Artikel aber auch davor gewarnt, daß es "zwei Wege (gibt, die) ins Weglose führen" - nämlich entweder "das Traditionssubjekt als solches zerstören zu wollen" und an seiner Stelle "Christentum in der Retorte der operativen Vernunft neu und reiner (zu) erzeugen" oder aber "Tradition an irgendeinem Punkt abschließen und die Kirche durch einen liberalen oder einen konservativen Archäologismus retten zu wollen".[32]

Was heute einige in der Tat zum reinen Archäologismus treibt, ist die Angst vor dem Dialog. Und weil sie begriffen haben, daß man in dieser Gesellschaft nur dialogisch existieren kann, fordern sie den Rückzug aus der Gesellschaft und die radikale Trennung vom Staat. Sie wollen in der Schwangerschaftskonfliktberatung die Brücken verbrennen in der durch nichts gerechtfertigten Hoffnung, durch ein solches Fanal einen öffentlichen Sinneswandel herbeizuzwingen. Und wenn es nichts gebracht hat, dann werden sie sich ihre geschwärzten Hände im Wasser der Selbstgerechtigkeit waschen, wie in den vormals katholischen Ländern Frankreich und Italien, wo jetzt schon eine mehr oder weniger umstandslose Fristenlösung praktiziert wird, ohne daß dies noch ein Gegenstand öffentlicher Erörterung wäre. Ob absichtsvoll oder nicht - faktisch wird so jenen in die Hände gearbeitet, die auch in Deutschland ein laizistische Kultur wollen. Wer den Dialog nicht will, will natürlich auch keine dialogischen Gremien. Und Laiengremien sind per definitionem Orte des Dialogs. Also wird das gemeinschaftliche Handeln von Laien verleumdet und der Mißerfolg des Mainzer Katholikentages ausgerufen, bevor dieser überhaupt eröffnet worden war. Wer Dialog nicht will, ist natürlich auch gegen Kollegialität. Also wird dieses Lebensprinzip der Kirchc ignoriert und die Fülle der Kirche auf die Papstkirche reduziert, was notabene früher als antikatholischer Kampfbegriff benutzt wurde. Bedenkt man es recht, so paßt übrigens der antigemeinschaftliche Affekt dieser Art von vorgeblicher Traditionsbewahrung ganz vorzüglich zur individualistischen und gesellschaftsatomisierenden Tendenz des gegenwärtigen Zeitgeistes.

Es gibt viele Argumente, geschichtliche und gegenwärtige, für die Bedeutung der Laiengremien in der Kirche von heute. Der zentrale Grund, der alle diese Argumente zusammenfaßt und untereinander verbindet, ist die Notwendigkeit, die Frohe Botschaft des christlichen Glaubens wieder und wieder neu in jenen kommunikativen Austausch einzubringen, der sich im Verlauf der menschlichen Geschichte vollzieht und trotz vieler Irrwege und Katastrophen immer wieder neu anhebt. Die Kirche als das Volk Gottes ist in diesem Gespräch der Partner, der das Wort Gottes unter den Menschen zur Sprache bringt. Damit ist das Volk Gottes Medium und Aktor zugleich, denn

---

[31] Joseph Ratzinger, Tradition und Fortschritt (1974) In: Glaube in Geschichte. Theologisches Jahrbuch 1979. Leipzig, S. 193.

[32] Ibid., S. 202.

die Sprache und der Charakter der Kommunikation wandeln sich, und dieser Wandel macht die Verkündigung zu einer Aufgabe, die bewältigt werden muß. Sie kann nur menschlich und damit nur unzulänglich bewältigt werden. Da ist es eine große Chance, wenn es in der Kirche Orte gibt, an denen sich Laien als ein wesentlicher Teil des Volkes Gottes repräsentativ versammeln und Kommunikation ermöglichen. Sprechen und Hören ist eine Sache des Übens und des ständigen Lernens. Wer, wie die Träger der Weiheämter in der Kirche, sich als Diener der Diener Gottes definiert, sollte diese Chance nicht ungenutzt lassen. Und es ist eine große Chance, wenn es Orte in der Kirche gibt, wo öffentlich und argumentierend über die Kirche und den Glauben gesprochen wird. Denn durch dieses öffentliche Sprechen, das die Gedanken der Umstehenden, seien es Kritiker, Gegner, Sympathisierende oder Gleichgültige, aufnimmt, können wir unseren nichtglaubenden Mitmenschen zeigen, daß es über alle Grenzen hin ihre Sache ist, die da verhandelt wird, der Sinn ihres Lebens, der sich da auftut.

Lassen sich mich daher abschließend noch einmal auf den schon zitierten Joseph Ratzinger von 1974 zurückkommen, der damals über das Verhältnis von Tradition und Fortschritt geschrieben hat:

"Die kirchliche und die menschliche Problematik lassen sich hier längst nicht mehr voneinander trennen, auch wenn es natürlich spezifisch christliche und spezifisch kirchliche Fragen gibt, die aber doch immer in der menschheitlichen Perspektive gesehen werden müssen; wo die Kirche dies übersähe, würde sie ihren innersten Konstruktionspunkt verkennen, der sie zur Universalität, d.h. zu einem Dienst an der Menschheit, an der Menschlichkeit der Menschen, bestimmt."[33]

[33] Ibid., S. 189.

"Die Laien als Feinde der Kleriker von alters her"?

Zur Geschichte der Beziehung zwischen Laien und Klerikern

Barbara Henze

Die Kirche ist "Sakrament, Zeichen und Werkzeug für die innigste Vereinigung mit Gott wie für die Einheit der ganzen Menschheit" (LG 1). Sie hat die Botschaft eines sich um die Menschen sorgenden Gottes, unüberbietbar gelebt in Jesus Christus, allen Völkern der Erde zu verkünden (LG 5). Diese Botschaft ist nur dann glaubwürdig, wenn die Kirche sich selbst zum Anwalt der Menschen macht. Das gesamte Volk Gottes ist als "Licht der Welt und Salz der Erde (vgl. Mt 5,13-16) in alle Welt gesandt" (LG 9).

Als das Zweite Vatikanische Konzil in seinen Konstitutionen "Lumen Gentium" und "Gaudium et Spes" über die Kirche nachdachte, setzte es, trotz aller Bezüge zur Tradition ekklesiologischer Aussagen, neue zukunftsweisende Akzente. Sie betrafen als Konsequenz aus dem Kirchenbild auch das Verhältnis von Klerus und Laienschaft. Hervorgehoben seien: Erstens wird gegenüber dem allgemeinen Priestertum der Getauften die Unterscheidung zwischen den zum besonderen Priestertum berufenen und den nicht dazu berufenen Christen und Christinnen zweitrangig. Zweitens steht die Spendung der Sakramente in unauflöslicher Verbindung zum "Leib Christi" (LG 7), d.h. die Menschenfreundlichkeit Gottes in Jesus Christus muß in den Sakramenten durchscheinen bzw. die Sakramente müssen auf sie verweisen. Drittens ist der sogenannte Weltdienst Heilsdienst, weil der Platz der Kirche in der Welt ist und sie für die Welt da ist (GS 1). Eine Separierung und möglicherweise eine Unterordnung des Weltdienstes unter den Heilsdienst ist ausgeschlossen. Damit entfällt auch eine Unterscheidung im Sinne von "Weltdienst der Laien" und "Heilsdienst der Kleriker",[1] denn wozu sollen die Laien in der Welt dienen, wenn nicht zu deren Heil, und wo anders soll Heil verkündet werden als in der Welt?[2]

---

1 Vgl. Kurt Koch, Glauben und Leben nicht auseinanderdividieren. Weltdienst der Laien und Heilsdienst des Klerus?, in: Stimmen der Zeit 214 (1996) 519-533, besonders der Abschnitt "Weltdienst als Heilsdienst" 527-529.

2 Die Instruktion von 1997 veranlaßt zur Sorge, daß sie, weil sie diese Konsequenzen nicht mehr mitvollzieht, auch hinter den Grundaussagen des Konzils über das Wesen und die Aufgabe der Kirche zurückbleibt. Werden aber Gottesdienst und Weltdienst nicht mehr zusammen gesehen, dann verfehlt Kirche ihr Ziel. Die deutsche Übersetzung "Instruktion zu einigen Fragen über die Mitarbeit der Laien am Dienst der Priester" liegt als Nr. 129 der "Verlautbarungen des Apostolischen Stuhls" vor, die vom Sekretariat der Deutschen Bischofskonferenz herausgegeben werden. Die Instruktion forciert den Unterschied zwischen Laien und Klerikern; beim "Dienst der Priester", um den es geht, wird die Verschränkung mit dem Grunddienst an der Welt mit kei-

Mit Blick auf diese zentralen Aussagen des Konzils steht über folgender Arbeit die Frage: Von welchen Faktoren hing in der Geschichte die Beziehung zwischen Laien und Klerikern ab? Welche Rolle spielte dabei die Unterscheidung zwischen "Welt" und Kirche, "profan" und "heilig", Weltdienst und Heilsdienst/Gottesdienst?
Um zu zeigen, wie entscheidend der historische Kontext für die Beantwortung der Frage ist, werden die Problemlagen zwei verschiedener Epochen vorgestellt. Im ersten Teil geht es um die Veränderungen im Verhältnis von Klerikern und Laien im Zuge der für unser Thema wichtigen gregorianischen Reform des 11. und 12. Jahrhunderts, die u.a. zu dem im Obertitel zitierten Ausspruch Papst Bonifaz VIII. von 1296 führten. Klerus und Laie wurden von ihren Unterschieden her gesehen, der Klerus der Kirche und die Laien der "Welt" zugeordnet. Aber die mittelalterliche Welt war noch eine christliche, und der Antagonismus zwischen Klerus und Laien hatte sich als einer zwischen Kirche und "Welt" innerhalb der Christenheit dargestellt. Daher macht der zweite Teil einen Sprung ins 19. Jahrhundert. Durch die kulturellen, politischen und gesellschaftlichen Entwicklungen nach der Französischen Revolution war eine Welt außerhalb des Christentums entstanden, die nichts mit diesem zu tun haben wollte und auf eine strikte Trennung hinarbeitete. Was folgte daraus für den Laien? Es werden Positionen vorgestellt, die sich in ihrem kirchlichen Selbstbild und in ihrer Bewertung der für die Kirche neuen Situation unterschieden. Die Darstellung endet mit der Debatte um die Arbeiterpriester in den fünfziger Jahren des 20. Jahrhunderts. Auch wenn es dabei ausschließlich um die Aktivitäten von Klerikern ging, so waren sie für die gesamte Kirche ein Gewinn. Mit neuem Elan betraten die Arbeiterpriester Räume, die für die herkömmlichen Pfarrgemeinden verschlossen waren. Das veränderte die Menschen. Statt wie zuvor die darin für das Priesterbild liegenden Gefahren zu sehen, rief das Zweite Vatikanische Konzil dazu auf, die Türen zu öffnen.

---

nem Wort erwähnt. Vgl. die kritischen Stellungnahmen u.a. von Wolfgang Beinert, Einige Fragen zum Kirchenbild einer römischen Instruktion, in: Anzeiger für die Seelsorge Heft 2, Februar 1998, 67-72; Bernd Jochen Hilberath, Theologie des Laien. Zu den Spannungen zwischen dem Zweiten Vatikanischen Konzil und der Laieninstruktion, in: Stimmen der Zeit 217 (1999) 219-232; Peter Hünermann, Zum kirchenpolitischen Hintergrund und zur Bedeutung der Instruktion, in: Und dennoch ... Die römische Instruktion über die Mitarbeit der Laien am Dienst der Priester, hg. von Peter Hünermann, Freiburg - Basel - Wien 1998, 9-28; Gottfried Leder, Kirchenverständnis und "Weltcharakter" der Laien, in: Stimmen der Zeit 216 (1998) 533-544; Wolfgang Seibel, Ein neuer Klerikalismus, in: ebd. 1f.

1. Die Konsequenzen der mittelalterlichen Reformbewegung des 11. bis 13. Jahrhunderts für das Verhältnis von Priestern und Laien

1.1 Die Trennung von Klerus und Laien

Die erste Phase der mittelalterlichen Reformbewegung wird auch als "Gregorianische Reform" bezeichnet, weil Papst Gregor VII. (1073-1085) derjenige war, der am energischsten Maßnahmen einleitete, um die Reformideen umzusetzen. Die Hauptforderung war die nach "Freiheit für die Kirche" (libertas ecclesiae). Sie sollte erreicht werden, indem Ämterkauf (Simonie) und Priesterehe (Nikolaitismus) strikte verboten und mit hohen Strafen belegt wurden. Für die Reformer war dazu die Trennung von Klerikern und Laien unvermeidlich.

Beginnen wir mit der Simonie. Mit "Simonie" war unter Berufung auf Apg 8,18 der Erkauf geistlicher Gaben gemeint, d.h. konkret: Die Inanspruchnahme von Ämtern und Stellen nicht aufgrund der Kraft des Heiligen Geistes, sondern aufgrund von "weltlichen" Interessen oder Bestechung. Der "Simonist" will, wie Simon Magus, den Heiligen Geist mit Geld kaufen. Da schon im Neuen Testament erwähnt, mußte sich die Kirche von ihrem Beginn an mit diesem Problem befassen. Besonders seit Papst Gregor I. (590-604) waren Ämterschacher und Pfründenhandel verpönt.[3] Eine Verschärfung erfuhr das Problem seit Kaiser Otto I. (Krönung 962). Er hatte die Bischöfe zu zentralen Stützen seines Reiches aufgebaut. Sie waren einerseits Vorsteher ihrer jeweiligen kirchlichen Jurisdiktionsbezirke, der Bistümer, andererseits Fürsten über ein Gebiet innerhalb des Reiches. Bei ihrer Amtseinführung ("Investitur") wurden ihnen Ring und Stab als Zeichen für ihre "geistliche" Gewalt und das Zepter als Zeichen für ihre "weltliche" Gewalt übergeben. Bis zur Reformbewegung nahm die Investitur der Bischöfe der Kaiser vor. Weil Kirche nicht separat neben oder inmitten der mittelalterlichen Welt existierte, zeigte sich die Verflechtung der Amtsfunktionen auf allen Ebenen, vom höchstrangigen Bischof (seit Beginn des 13. Jahrhunderts gehörten die drei Erzbischöfe von Trier, Köln und Mainz zu den sieben Kurfürsten, der Erzbischof von Mainz war zugleich Leiter der Reichskanzlei) bis zum Vertretungsgeistlichen auf einer ärmlichen Pfründe. Der entsprechende Sachverhalt ist als "Eigenkirchenwesen" bezeichnet worden, um das Verhältnis der Kirchen zu dem zum Ausdruck zu bringen, auf deren Grund und Boden sie stehen. Die reichen Gönner, Einzelpersonen oder Gemeinschaften, betrachteten die gestifteten Klöster oder Kirchen nach wie vor als ihr Eigentum. Sie erhielten ihre erwirtschafteten Erträge und besetzten die geschaffenen Pfarrstellen ("Investitur"). Für die mittelalterlichen Reformer war dies "Simonie". Da die meisten Eigenkirchenherren Laien waren,

---

3 Horst Fuhrmann, Gregor VII., 'Gregorianische Reform' und Investiturstreit, in: Das Papsttum I. Von den Anfängen bis zu den Päpsten in Avignon, hg. von Martin Greschat, Stuttgart u.a. 1985, 155-175, hier 159.

galt als Hauptforderung auf dem Weg zur Abschaffung der Simonie die Abschaffung der Laieninvestitur. Verbot das Laterankonzil von 1059 Klerikern, eine Kirche aus der Hand eines Laien anzunehmen, was wahrscheinlich nur im Hinblick auf die "Niederkirchen" formuliert war,[4] so wurde Gregor VII. auf der Fastensynode von 1078 grundsätzlich: "jede Vergabe eines geistlichen Amtes 'durch eine laienhafte und von Gott nicht geweihte Hand'" wurde verboten.[5]
Die Radikalität, mit der Papst Gregor VII. die Simonistenverfolgung betrieb, lag zum einen in seiner Person begründet.[6] Zum anderen war sie Zeichen für ein gewandeltes Verständnis von der Beziehung zwischen regnum, sacerdotium und Kirche. Hatte die alte karolingische Theorie beide, regnum und sacerdotium, innerhalb der ecclesia universalis gesehen, weswegen es für Karl den Großen (+ 814) selbstverständlich war, im Zusammenhang mit Reichsversammlungen Reichssynoden einzuberufen und religiöse Belange per staatlichem Gesetz zu regeln,[7] so gehörte nach der gregorianischen Konzeption das regnum, der "staatliche" Bereich, nicht mehr zur Kirche. Das hatte Folgen. Als Größe, die dem "staatlichen" Bereich zugeordnet wurde, etablierte sich unter Papst Gregor VII. die "Christenheit" (christianitas).[8] Während die Christen zur "Christenheit" gehörten, bestand die Kirche aus den "ecclesiastici", die in einem juridischen Kirchenbild mit den "clerici" identisch waren.[9] Die Reformer verstanden den Kampf gegen "Simonie" als Kampf gegen den Einfluß von nicht-ecclesiastici auf die Vergabe kirchlicher Ämter. Sie trennten folglich ecclesiastici von nicht-ecclesiastici und sprachen ersteren die Kompetenz zur Regelung kirchlicher Angelegenheiten zu, letzteren ab. Die "ecclesiastici" = "clerici" regelten die Angelegenheiten der "ecclesia" autonom. Kardinal Humbert von Silva Candida drückte es so aus: "Denn wie die Kleriker innerhalb der Basiliken von den Plätzen und von den Aufgaben her von den Laien getrennt zu werden pflegen, so muß es auch außerhalb von den Geschäften (negotia) her sein. Die Laien sollen nur ihre, nämlich die weltlichen, die Kleriker aber nur die ihren, nämlich die kirch-

---

4 Ebd. 163.

5 Ebd. 171.

6 In der Literatur ist mit Bezug auf Gregor von sonst seltener "Konsequenz und Rücksichtslosigkeit" die Rede, z.B. Georg Denzler, Gregor VII. (1073-1085), in: Ders., Das Papsttum und der Amtszölibat. Erster Teil: Die Zeit bis zur Reformation (Päpste und Papsttum 5,1), Stuttgart 1973, 64-74, hier 64. Als "heiliger Satan" soll Petrus Damiani Gregor wegen seiner "glühende[n] Leidenschaft" bezeichnet haben, ebd. 65.

7 Lutz E. von Padberg, Karl der Große als christlicher Herrscher, in: Ders., Die Christianisierung Europas im Mittelalter, Stuttgart 1998, 102-108.

8 Gerhart B. Ladner, The concepts of "ecclesia" and "christianitas" and their relation to the idea of papal "plenitudo potestatis" from Gregory VII to Boniface VIII, in: Sacerdozio e regno da Gregorio VII a Bonifacio VIII. Studi presentati alla sezione storica del congresso della Pontificia Università Gregoriana 13-17 ottobre 1953 (Miscellanea Historiae Pontificiae 18), Rom 1954, 49-77, hier 52.61.

9 Ebd. 54.

lich-geistlichen, betreiben. Wie die Kleriker nicht Weltliches, so sollen die Laien nicht Kirchliches sich anmaßen."[10]

Die zweite Reformforderung, die das Verhältnis von Klerus und Laien veränderte, war die nach Abschaffung des "Nikolaitismus"[11], der Priesterehe. Sie kam ins Blickfeld der Reformer, weil a) ein verheirateter Klerus die Gefahr der Simonie erhöhte (Gefahr der Vererbung von Kirchengut) und b) sexuelle Enthaltsamkeit um so wichtiger schien, je mehr am Priester der Sakramentenspender gesehen wurde. Gregor VII. rief die Laien dazu auf, verheiratete Priester zu boykottieren und die Sakramente nur noch von zölibatär lebenden zu empfangen. Er konnte die Laien mobilisieren, weil er bei ihnen alte Befürchtungen weckte, daß nämlich die Sakramente ungültig seien, wenn der Sakramentenspender unwürdig lebe. Schon seit den Karolingern hatte es Bemühungen um die Klerusreform gegeben. Einer der Theologen, auf die sich Gregor VII. stützte, Petrus Damiani, hat die alten Überlegungen in seine Schriften über das Priesteramt mit einfließen lassen. Er favorisierte Klerikergemeinschaften, für die es seit 816 die "Aachener Regel" gab, weil der nach dem Vorbild der Mönche asketisch lebende Priester den Versuchungen weltlichen Treibens am ehesten widerstehen konnte. Die Absage an die Priesterehe war für ihn selbstverständlich, weil sie sowohl in sein Konzept der Monastisierung des Klerus paßte, als auch in die Aufwertung des Priesters als Sakramentenvermittler. Petrus Damiani bemühte die jungfräuliche Empfängnis Mariens, um das Verbot des Geschlechtsverkehrs für Priester zu begründen: "Das Altarsakrament [dürfe] nur von keuschen Händen berührt werden..., da es die virtus desselben lebenspendenden Geistes sei, der auch Maria überschattet habe."[12]

Die priesterliche Ehelosigkeit, wie sie die Reformbewegung forderte, diente daher der Trennung von Priestern und Laien im Hinblick auf die Normen, nach denen sich das Leben ausrichtete. Wie der Mönch sollte der Priester "der Welt" absagen. Sie diente ihr aber auch im Hinblick auf die Funktion, die der Priester anders als der Laie wahrnehmen sollte, nämlich die des Sakramentenspenders.

Die Absagen der Reformer an Ämterkauf, was für sie gleichbedeutend mit "Laieninvestitur" war, und Priesterehe sollten ihr Ziel "Freiheit für die Kirche" realisieren helfen. Im Sinne von Humbert von Silva Candida bedeutete das zunächst die Forderung nach Eigenständigkeit der Kirche gegenüber dem Reich. Mit Blick auf die im Obertitel des Aufsatzes zitierte Dekretale

---

[10] Humberti cardinalis Libri III adversus Simoniacos, hg. von Friedrich Thaner, in: Monumenta Germaniae Historica. Libelli de Lite Imperatorum et Pontificum Saeculis XI et XII Bd. 1, Hannover 1891 (Nachdruck 1956), 95-253, hier 208 (liber III caput VIIII).

[11] Nikolaiten sind nach Apk 2,6 und 2,15 Christen, die sexuelle Ausschweifung propagierten und praktizierten.

[12] Johannes Laudage, Priesterbild und Reformpapsttum im 11. Jahrhundert, Köln - Wien 1984, 199.

Papst Bonifaz VIII. wird aber deutlich, daß über die Eigenständigkeit hinaus die Überordnung der Kirche, genauer des Papsttums, über die weltliche Gewalt angestrebt war.
Mit den lateinischen Worten "Clericis laicos" beginnt ein Dokument, das Papst Bonifaz VIII. im Jahr 1296 gegen den französischen König Philipp IV. den Schönen verfaßte.[13] Dieser hatte zur Finanzierung des Krieges gegen das Herzogtum Aquitanien Steuern erhoben und dabei auch die französische Kirche belastet.[14] Nicht die Steuererhebung als solche provozierte die harsche Kritik des Papstes, sondern weil sie ohne Rücksprache mit ihm erfolgt war. Als "Feinde des Klerus" galten dem Papst alle Laien, die seine Autorität nicht achteten, gleich in welchen Bereichen er sie geltend machte. Bonifaz VIII. führte eine Linie weiter, die mit Gregor VII. begonnen hatte. In dessen Dictatus Papae, den "27 päpstlichen Leitsätzen" von 1075,[15] findet sich z.B. Satz 12: "Daß es ihm [dem Papst] erlaubt ist, Kaiser abzusetzen."[16] Gregor VII. realisierte ihn in der Exkommunikation von Kaiser Heinrich IV., so daß dieser ihn im Gang nach Canossa 1077 um die Lösung des Banns bitten mußte.[17] Wollte man den theoretischen Vorrang des Papstes vor den Kaiser begründen, so verglich man die Beziehung von Papst und König/Kaiser mit der von Seele und Leib: Wie die Seele mehr wert sei als der Leib, seien die, die sich um das Wohl der Seele kümmern, die Päpste, denen

---

[13] Der erste Satz lautet: "Clericis laicos infestos oppido tradit antiquitas", zu übersetzen mit: "Das alte Herkommen überliefert, daß die Laien den Klerikern völlig feindlich gesonnen sind". Die Dekretale ist in die 1298 promulgierte Gesetzessammlung "Liber Sextus" aufgenommen worden und gehört daher in die universalkirchlich geltende Rechtssammlung "Corpus Iuris Canonici". Vgl. Liber Sextus III, t. XXIII, c. III, in: Corpus Iuris Canonici Bd. 2: Decretalium Collectiones, hg. von Emil Friedberg, Leipzig 1881, 1062f, Zitat 1062. Den Laien als "Feind des Klerus von alters her" zu sehen, wurde so per Gesetz in der gesamten Kirche verbreitet, und dies noch bis zum Anfang dieses Jahrhunderts, da das Gesetzbuch erst 1917 vom CIC (Codex Iuris Canonici) abgelöst wurde.

[14] Bernard Guillemain, Kirche und weltliche Macht in der römischen Christenheit, in: Die Geschichte des Christentums Bd. 6: Die Zeit der Zerreißproben (1274-1449), hg. von Michel Mollat du Jourdin und André Vauchez, deutsch hg. von Bernhard Schimmelpfennig, Freiburg-Basel-Wien 1991, 567-607, hier 590.

[15] Zur Charakterisierung des "Dictatus Papae" vgl. Fuhrmann, Gregor VII., ‚Gregorianische Reform' (wie Anm. 3) 167 und Agostino Paravicini Bagliani, Der ‚Dictatus Papae', in: Die Geschichte des Christentums Bd. 5: Machtfülle des Papsttums (1054-1274), hg. von André Vauchez, deutsch hg. von Odilo Engels, Freiburg – Basel – Wien 1994, 59-62, hier 59f.

[16] Dictatus Papae, in: Quellen zum Investiturstreit. Erster Teil: Ausgewählte Briefe Papst Gregors VII., hg. und übersetzt von Franz-Josef Schmale, Darmstadt 1978, Nr. 47, S. 148-151, hier 151.

[17] Der Wandel im Selbstbewußtsein der Päpste war damals innerhalb von dreißig Jahren eingetreten. Noch 1046 hatte Kaiser Heinrich III. drei Päpste auf der Synode von Sutri abgesetzt und seinerseits einen neuen Papst ernannt, Bischof Suidger von Bamberg als Papst Clemens II..

vorgeordnet, die sich um das Wohl des Leibes mühen. Mit der Überordnung über den "weltlichen" Bereich war für die Reformer die Kompetenz der Kirche verbunden, sich in Angelegenheiten der Politik einmischen zu dürfen.
Die gregorianische Reform provozierte einerseits eine Trennung von "weltlichem" und "geistlichem" Bereich. Andererseits wurden die Reformideen über strukturelle Veränderungen der sichtbaren Kirche verwirklicht. Diese belasteten langfristig das Verhältnis von Klerus und Laien. Aus sie soll daher im folgenden Punkt eingegangen werden.

1.2 Die Ausrichtung der Gesamtkirche auf die römische Kirche

Das Ziel 'Freiheit für die Kirche' wurde genährt von dem Idealbild, das das Papsttum und die Theologen in seinem Umfeld von sich selbst entwarf. Zentraler Antrieb war die "Petrusmystik" und die Gleichsetzung der "römischen" Kirche mit der "allgemeinen" Kirche.
In der "Überzeugung, daß Petrus selbst immer wirkmächtig im Papst gegenwärtig ist"[18], wurzelte das Selbstbewußtsein Gregors VII.. Hinter dem, was er dachte und anordnete, stand nicht einfach nur ein Mensch des 11. Jahrhunderts, sondern Petrus, die Leitfigur der Urkirche. Jede Kritik am Papst war damit eigentlich eine Kritik an Petrus und konnte daher den amtierenden Papst nicht treffen. In einem Brief an Kaiser Heinrich IV. aus dem Jahre 1075 schrieb Gregor VII.: "Es hätte Deiner Würde als König auch geziemt, da Du Dich als Sohn der Kirche bekennst, mit einiger Ehrerbietung auf den Leiter der Kirche, nämlich den heiligen Apostelfürsten Petrus zu schauen. ... Da wir auf dessen Sitz und in dessen Apostelamt - Sünder die wir nun einmal sind und unwürdig - nach dem Willen Gottes die Vertretung seiner Gewalt wahrnehmen, empfängt in Wirklichkeit er selbst, was Du uns schriftlich oder mündlich zukommen läßt; und während wir die Buchstaben durchgehen oder den Stimmen der Redenden lauschen, unterscheidet er selbst durch genaue Betrachtung, aus welchem Herzen sie kommen."[19] Weil hinter dem Papst Petrus steht, "der Apostelfürst", besser, weil sich Petrus und Gregor VII. zueinander verhalten wie Seele und Leib, kann der Papst auf den Kaiser herabblicken ("Wir" - "Du"). Er kann sich zudem der Richtigkeit seiner Entscheidungen sicher sein, weil er, was sonst Menschen nicht möglich ist, durch Petrus bis ins Herz sieht.
Von der "Petrusmystik" war es nur ein kleiner Schritt zur Absolutsetzung der "römischen Kirche". Der Gang der Weltgeschichte hatte allerdings wesentlich mitgeholfen. Von den fünf Patriarchaten der Alten Kirche blieben nach Eroberung Karthagos, Jerusalems und Alexandriens durch den Islam

---

[18] Yves M.-J. Congar, Der Platz des Papsttums in der Kirchenfrömmigkeit der Reformer des 11. Jahrhunderts, in: Sentire Ecclesiam. Das Bewußtsein von der Kirche als gestaltende Kraft der Frömmigkeit. Festschrift für Hugo Rahner, hg. von Jean Daniélou und Herbert Vorgrimler, Freiburg-Basel-Wien 1961, 196-217, hier 214.

[19] Brief Gregors VII. an Heinrich IV., wahrscheinlich vom 8.12.1075, in: Quellen zum Investiturstreit (wie Anm. 16) Nr. 66, S. 197-205, hier 201.

nur Konstantinopel und Rom. 1054 trennten sich ost- und weströmische Kirche, so daß in dem von uns betrachteten geographischen Raum nur Rom übrigblieb.[20] Für Humbert von Silva Candida, der an der Kirchenspaltung wahrscheinlich nicht unschuldig war, hing die Gesundheit der gesamten Kirche an dem Zustand der römischen Kirche, weil diese "caput" und "cardo" (Türangel) der Kirche sei.[21] Konsequenterweise sollte überall auf der Welt die "römische" Praxis eingeführt werden. Das führte z.B. zu Vereinheitlichungsmaßnahmen in der Liturgie. In Süditalien wurde der griechische Ritus verboten, in Spanien der mozarabische.[22] Der "Dictatus Papae", in dessen Mittelpunkt "die singuläre, heilspendende Stellung, das Ansehen und die Vorrechte ... der römischen Kirche und ihres Bischofs" stehen,[23] enthält Satz 26: "Daß nicht für katholisch gilt, wer sich nicht in Übereinstimmung mit der römischen Kirche befindet."[24] Für die gregorianischen Reformer wird damit die Frage nach der Katholizität nicht eine nach dem Glaubensbekenntnis, sondern nach der Bereitschaft, sich der römischen Kirche unterzuordnen. Damit finden folgende Identifizierungen statt: "Gott gehorchen heißt der Kirche gehorchen und das wiederum heißt dem Papst gehorchen und umgekehrt."[25] Zeitgenössische Texte erläuterten, auf was sich die Gehorsamsforderung bezog. Der "Dictatus von Avranches" rechnete alle päpstlichen Dekrete dazu, Petrus Damiani die Anerkennung der Vorrangstellung der römischen Kirche und der ihr von Jesus Christus übertragenen Binde- und Lösegewalt.[26] Die Veränderung, die mit einem solchen Häresiebegriff eingeläutet wurde, ist als "Verrechtlichung" charakterisiert worden.[27] Zwischen dem 11. und 12. Jahrhundert fand der "Prozeß einer Verlagerung spiritueller Themen auf die Ebene und in die Begriffswelt des juristischen Denkens" statt.[28]
Als Folge der die Identifizierung von Kirche und Papst wurde das Bischofsamt abgewertet.[29] Die Erzbischöfe hatten innerhalb von drei Monaten nach der Wahl persönlich das Pallium in Rom in Empfang zu nehmen und

---

[20] Auch der Pflichtzölibat hätte sich in einer mit der oströmischen Kirche verbundenen weströmischen nicht durchsetzen lassen.

[21] Congar, Platz des Papsttums (wie Anm. 18) 198.

[22] Ebd. 210.

[23] Horst Fuhrmann, "Quod catholicus non habeatur, qui non concordat Romanae ecclesiae". Randnotizen zum Dictatus Papae, in: Festschrift für Helmut Beumann zum 65. Geburtstag, hg. von K.U. Jäschke und R. Wenskes, Sigmaringen 1977, 263-287, hier 273.

[24] Dictatus Papae, in: Quellen zum Investiturstreit (wie Anm. 16) 151.

[25] Congar, Platz des Papsttums (wie Anm. 18) 215.

[26] Othmar Hageneder, Die Häresie des Ungehorsams und das Entstehen des hierokratischen Papsttums, in: Römische hist. Mitteilungen 20 (1978) 29-47, hier 35f.

[27] Congar, Platz des Papsttums (wie Anm. 18) 205.

[28] Ebd. 213 Fußnote.

[29] Vgl. Ian Stuart Robinson, "Periculosus homo": Pope Gregory VII and episcopal authority, in: Viator 9 (1978) 103-131.

dem Papst einen Eid zu leisten.[30] Auf Synoden gebührte dem päpstlichen Legat der Vorsitz, selbst dann, wenn er nicht die Bischofsweihe empfangen hatte.[31] Konzilien, so dachten die Gregorianer zwei Sätze des Dictatus Papae weiter, waren nur noch bequeme Gelegenheiten zur Weitergabe oder zur feierlichen Betonung der Beschlüsse des Papstes.[32] Bischöfe wurden zu Stellvertretern des Papstes degradiert, die er deswegen berief, weil er nicht überall auf der Welt gleichzeitig sein konnte. Das Heiligsprechungsverfahren, das bisher in den Händen der Bischöfe lag, sollte, so Papst Alexander III., der ausschließlichen Kontrolle der Päpste unterliegen. 1234 wurde das entsprechende Dekret durch Papst Gregor IX. ins Kirchenrecht übernommen.[33] "Wenn man die Gregorianer hört, gibt es, genaugenommen, nur eine Gewalt, die des Papstes; die gesamte Kirche ist nach ihnen eine ungeheure Diözese" mit dem Papst an der Spitze.[34] Der 1074 vom Papst abgesetzte Erzbischof Liemar von Bremen drückte es so aus: "Dieser gefährliche Mensch [Papst Gregor VII.] will den Bischöfen befehlen, was er will, gerade als ob sie seine Gutsbeamten wären. Gehorchen sie seinen Anordnungen nicht, so haben sie in Rom zu erscheinen oder sie werden ohne Urteil suspendiert."[35]

Beließen wir es mit der Beschreibung dieser unmittelbaren Folge der gregorianischen Reform, hätten wir eine für das Verhältnis von Klerus und Laienschaft interessante Konsequenz übersehen, der Aufbruch der Laien in der sogenannten Armutsbewegung um die Wende zum 13. Jahrhundert.

---

30 Congar, Platz des Papsttums (wie Anm. 18) 210f.

31 Satz 4 des Dictatus Papae lautet: "Daß sein [des Papstes] Legat den Vorrang vor allen Bischöfen hat auf einem Konzil, auch wenn er einen niedrigeren Weihegrad hat, und daß er gegen sie ein Absetzungsurteil fällen kann", in: Quellen zum Investiturstreit (wie Anm. 16) 149.

32 Alberto Melloni, Die sieben 'Papstkonzilien' des Mittelalters, in: Geschichte der Konzilien. Vom Nicaenum bis zum Vaticanum II, hg. von Giuseppe Alberigo, Düsseldorf 1993, 198-231, hier 201f. Gemeint sind die Sätze 16 und 17: "Daß keine Synode ohne sein Geheiß universal genannt werden darf" und "Daß kein Rechtssatz und kein Buch ohne seine Autorisation für kanonisch gilt", Dictatus Papae, in: Quellen zum Investiturstreit (wie Anm. 16) 151.

33 Das Dekret Alexanders III. "Audivimus" ist zwischen 1170 und 1180 entstanden. Durchsetzen konnten die Päpste diesen Anspruch erst im 17. Jahrhundert. Als entscheidend gilt das Apostolische Breve Papst Urbans VIII. "Coelestis Jerusalem" von 1634, vgl. Karl Hausberger, Heilige/Heiligenverehrung IV. Abendländisches Mittelalter und V. Die römisch-katholische Kirche, in: TRE 14 (1985) 651-660, hier 652 und 655.

34 Congar, Platz des Papsttums (wie Anm. 18) 209.

35 Robinson, Periculosus homo (wie Anm. 29) 129 unter Berufung auf: Liemar von Bremen an Hezilo von Hildesheim aus der zweiten Hälfte Januar 1075, in: Briefsammlungen der Zeit Heinrichs IV., hg. von Carl Erdmann und Norbert Fickermann (Die Briefe der deutschen Kaiserzeit 5) Weimar 1950, 33-35, hier 34: "Periculosus homo vult iubere, quae vult, episcopis ut villicis suis; quae si non fecerunt omnia, Romam venient aut sine iudicio suspenduntur."

1.3 Die Egalisierung von Klerikern und Laien durch das gemeinsame Ziel der Nachfolge Jesu

Auf den Fastensynoden von 1074 und 1075 hatte Papst Gregor VII. die Laien mobilisiert, um seine Reformideen gegenüber einem unbotmäßigen Klerus durchzusetzen. Noch entscheidender für den Aufbruch der Laien im 12. und 13. Jahrhundert wurde jedoch der kulturelle und wirtschaftliche Wandel der Zeit.[36] Die neuen Techniken (Räderpflug, Kummet-Geschirr, Dreifelderwirtschaft) der Landwirtschaft hatten es möglich gemacht, mehr Menschen als zuvor mit weniger Arbeitskräften zu ernähren.[37] Es wurden nicht mehr alle verfügbaren Hände in der Landwirtschaft benötigt, so daß die Menschen in die Städte abwandern und dort Tätigkeiten nachgehen konnten, mit denen sie in einer rein agrarischen Gesellschaft verhungert wären: Kaufleute, Künstler und Handwerker kamen zu Ansehen. Arbeitsteilung wurde erprobt, was die Chance einer größeren Professionalisierung bot. Die Freiräume bewirkten langfristig einen Kulturschub. Die Bewohnerinnen und Bewohner der Städte richteten Schulen ein, um die für den Handel wesentlichen Techniken des Schreibens und Rechnens zu erlernen.[38] 1088 wurde die Universität von Bologna gegründet, 1150 die von Paris. Die ersten volkssprachlichen Texte entstanden, in denen es "vorrangig um Nachempfindung und Nachfolge des 'armen Lebens' des Heilands und seiner Jünger" ging.[39] Auch ließ man sich die lateinische Bibel in die eigene Sprache übersetzen. Mit dem Blick in die Bibel veränderte sich auch der Bewertungsmaßstab für das eigene Leben. Schließlich hatte der neue Blick in die Heilige Schrift so viele begeisterte Anhängerinnen und Anhänger gefunden, daß die Ge-

---

[36] Marie-Dominique Chenu, The Evangelical Awakening, in: Ders., Nature, man, and society in the twelfth century. Essays on new theological perspectives in the Latin West (Übers. v. La théologie au douzième siècle, 1957), Chicago-London 1968, 239-269, hier 241, ist dieser Sachverhalt sehr wichtig. Ich schließe mich ihm an. Für die Schlüsse, die man aus der Kirchengeschichte für die Beurteilung der Situation heute zieht, ist es nicht unerheblich, ob man nur theologieintern mit Anstößen rechnet, oder ob die Situation als solche diese herausfordert.

[37] Jacques LeGoff, Das Hochmittelalter, Frankfurt/Main 1965, Ausgabe 1987, 39-45.

[38] Im 11. Jahrhundert wurde die Schreibarbeit noch von Klerikern geleistet, die von den Kaufmannsgilden angestellt wurden. Ab dem 12. Jahrhundert schickten die Kaufleute ihre Kinder in kirchliche Schulen oder ließen sie privat von Klerikern unterrichten. Im Laufe des 12. Jahrhunderts entschieden sich einzelne Städte, selbst Schulen einzurichten, kamen darin aber mit der Kirche in Konflikt, die um ihr Ausbildungsmonopol fürchtete. So gab es die ersten städtischen Schulen ab der Mitte des 13. Jahrhunderts. Mit Beginn des 15. Jahrhunderts hatten fast alle Städte eigene Schulen eingerichtet. Andrea Kammeier-Nebel, Frauenbildung im Kaufmannsmilieu spätmittelalterlicher Städte, in: Geschichte der Mädchen- und Frauenbildung, hg. von Elke Kleinau und Claudia Opitz, Frankfurt/M.-New York 1996, 78-90.549, hier 78f. Vgl. auch André Vauchez, Kirche und Bildung – Veränderungen und Spannungen, in: Die Geschichte des Christentums Bd. 5 (wie Anm. 15) 451-477.

[39] Werner Goez, Kirchenreform und Investiturstreit 910-1122, Stuttgart-Berlin-Köln 2000, 58.

schichtsschreibung von einer "Bewegung" spricht. Unabhängig voneinander widmeten ab Ende des 12. Jahrhunderts in den Handelszentren Europas (Flandern, Oberitalien und Südfrankreich) Menschen ihr Leben einem einzigen Ziel, dem Jesus, wie er auf Erden gelebt hatte, nachzufolgen.[40] Mehr als die Beschreibung des Lebens der Urkirche interessierten sie Jesu Geburt, sein Leben, sein Leid und der Tod am Kreuz. Der Christus-Herr und Christus-König wandelte sich zum menschlichen Christus. Das veränderte die Beziehung der Menschen zu ihm. Als Jünger war weniger der Gefolgsmann und Krieger gefragt, als der, "der sich durch absolute Armut und Demut, durch Meditationen über die Passion und freiwillig auferlegte Leiden, durch Hinwendung zum notleidenden Mitmenschen und öffentliche Predigt dem Menschsein Christi anzunähern versucht."[41] Der Blick in die Bibel und die Begeisterung für den menschlichen Christus beflügelten sich gegenseitig. In der Bibel lasen und hörten sie, daß Jesus den Armen beistand, Kranke heilte und die frohe Botschaft predigte. Das wollten auch sie tun. Die Nachfolgerufe Jesu (z.B. Mk 6,7ff; 10,29f) bezogen sie auf sich. Jesu Wort "Wenn Du vollkommen sein willst, geh, verkauf deinen Besitz und gib das Geld den Armen" (Mt 19,21) verstanden sie buchstäblich. Viele gaben ihre Berufe auf und pflegten Kranke und Alte, leisteten Sterbehilfe und begruben die Toten.
Das "evangelische Erwachen" (Chenu), wie man die neue Bedeutung des Evangeliums für die Christen genannt hat, erwies die Religiosität der Laien als der der Ordensleute und Kleriker ebenbürtig. Wenn wahre Nachfolge Christi die des menschlichen Jesus meinte, dann zählte auf der Seite der Nachfolgenden auch primär deren Menschlichkeit. Die praktischen und körperlichen Seiten der Frömmigkeit wurden wichtig. Franz von Assisi soll an Weihnachten zum ersten Mal eine Krippe aufgestellt haben. In Frauengemeinschaften der Bewegung, den Beginenhöfen in Flandern, entstand die Pietà als gefühlvolle Darstellung einer um ihren gestorbenen Sohn trauernden Mutter. Der Wunsch nach Nachfolge des Schmerzensmannes Jesus wurde bei einzelnen so stark, daß sie körperliche Reaktionen zeigten. Die Stigmatisationen des Franz von Assisi sind hier zu nennen und die Visionen und Auditionen, vorwiegend von Frauen. Die Mystik entstand.
Die Bewegung hob Körperlichkeit und Menschlichkeit sowohl bei Jesus Christus als auch bei den "Frommen" hervor. Damit kam ein egalitärer Zug in die hierarchisch aufgebaute Gesellschaft, denn es zählte der Mensch als Mensch. Konsequent weitergedacht, stellte die Frömmigkeitsbewegung die gewohnten Prioritäten sogar auf den Kopf. Weil es um die körperliche Nähe zum menschlichen, leidenden Jesus ging, waren die bevorzugt, auf die we-

---

40 Warum sich das Christusbild gewandelt hat, ist nicht klar. Vielleicht hatten die Kreuzzüge nicht unwesentlichen Anteil daran (oder waren selbst Folge des Wandels). Durch die Berichte der Kreuzfahrer wurden die Wirkungsstätten Jesu in Palästina für die Menschen in Europa erstmals Realität.

41 Andreas Wilts, Beginen im Bodenseeraum, Sigmaringen 1994, 216.

gen ihrer Körperlichkeit sonst herabgeschaut wurde, die Frauen, und die, die selbst arm, krank und ausgestoßen waren.

1.4 Die Einschränkung der Laienfrömmigkeit durch bischöfliche und päpstliche Verordnungen

All das hatte Folgen. Je stärker die Frömmigkeitsbewegung wurde, um so mehr konnte sie als Kritik an den Maßstäben der Zeit verstanden werden. Da die Kirche für diese wesentlich verantwortlich war, blieb auch sie von Kritik nicht verschont. Im "Armutsstreit" nahm sie institutionelle Formen an. In einer reichen Kirche mußte die Betonung von Armut provozierend wirken. Zumal - parallel mit dem höheren Stellenwert von Gesinnung und Innerlichkeit - Armut auch im übertragenen Sinn verstanden wurde, nämlich als Fehlen oder Nicht-Einsetzen von Mitteln, zu seinem Recht zu kommen und seinen Lebensstandard zu halten. Reichtum bedeutete dann Teilhabe "an der Macht, am gesellschaftlichen Ansehen, an den Privilegien".[42] Eine Kirche, die seit der gregorianischen Reform ihr Bemühen verstärkte, sich gegenüber den weltlichen Mächten zu behaupten und dabei alle ihr zur Verfügung stehenden Mittel nutzte, war dann gerade nicht "arm".
Noch in einem weiteren Punkt bedeutete die Armutsbewegung für die Kirche einen Anstoß: In der Frage der Predigt und Predigterlaubnis. Die gregorianische Reform hatte, um bei den Laien einen Boykott der mit einer Frau zusammenlebenden Priester durchzusetzen, den Zusammenhang von Lebensweise und Verkündigung hervorgehoben. Darauf konnten sich hundertfünfzig Jahre später die Mitglieder der Armutsbewegung berufen. Ihr anspruchsloser Lebensstil und der Inhalt ihrer Predigten, die Verkündigung eines Lebens in der wahren Nachfolge Jesu, entsprachen einander.[43] Das verlieh ihren Predigten große Überzeugungskraft. Zum Leidwesen ihrer Pfarrer unterstützten die Menschen sie gern. Befragt, woher sie die Befugnis zur Predigt hätten, beriefen sich die Männer und Frauen auf das Vorbild des predigenden Jesus und seinen Auftrag, "Gehet hinaus in alle Welt und predigt das Evangelium jeder Kreatur." Die Notwendigkeit der Predigt hatten die Päpste selbst immer wieder betont.[44] Jetzt, in der Zeit um die Wende zum 13. Jahrhundert, schien sie wegen der antichristlichen Predigt der Katharer besonders geboten. Und wer konnte deren Werben besser entgegenarbeiten als die Mitglieder der Armutsbewegung, die genauso aussahen und auftraten wie die Katharer, aber die christliche Botschaft predigten? So argumentierten die Waldenser, eine Gruppe, die in Lyon entstanden war, und um Predigterlaubnis bat. Außerdem besaßen die Mitglieder der Armutsbewegung gegenüber den herkömmlichen Orden den Vorteil, daß sie "die glei-

---

[42] So z.B. Bronislaw Geremek, Geschichte der Armut. Elend und Barmherzigkeit in Europa, München - Zürich 1988, 31.
[43] Chenu, Evangelical Awakening (wie Anm. 36) 249.
[44] Ebd. 244.

che Sprache" wie die Zuhörenden sprachen, weil sie aus dem gleichen Milieu der Händler und Kaufleute der Städte kamen.[45]

Der Versuch der Laien, in einer neuen Form religiös leben zu wollen, stellte in einer Kirche, die darum bemüht war, sich zu organisieren und zu zentralisieren, eine schwere Störung dar. Die Reaktion der Kirchenleitung darauf war denn auch Organisation und Integration. Ordnung hatte wahrscheinlich deswegen einen so hohen Stellenwert, weil sie im Hochmittelalter gefährdet war. Durch die neuen Formen der Geldgeschäfte war es möglich, den von Gott in der Welt zugewiesenen Platz durch Bereicherung oder Verarmung zu verlassen. Es finden sich Belege der Empörung über die Anmaßung von Leuten, Kleiderstoffe zu verwenden, die ihnen nicht zustanden, und des Entsetzens über die Massen, die Hungersnöte erleiden mußten.[46] Desweiteren wurde die Ordnung gefährdet, weil die Menschen der Zeit sehr mobil waren und mit dem Verlassen der bisher gewohnten Welt auch mentale Sicherheiten verlorengingen. Unterwegs waren Kaufleute, Wallfahrer, wandernde Studierende und Kreuzfahrer. Wälder wurden gerodet, Sümpfe trockengelegt, nachgeborene Söhne ohne Land und verarmte Bauern suchten in der Fremde ihr Glück.

Die Frage, die sich für die Kirche stellte, war: Wie wird die Ordnung aufrechterhalten? Bei den Antworten, zu denen die Kirche fand, verhielt sie sich entwicklungskonform, d.h. sie lagen auf einer Linie mit dem, was sie sich im Zuge der gregorianischen Reform erarbeitet hatte.

Das bedeutete, daß man sich mehr Gedanken darüber machte, wie die "rechte" Nachfolge zu sichern sei, als die grundsätzliche Gleichheit von Klerikern und Laien, Frauen und Männern, in der Nachfolge Jesu zu betonen. Wesentliches Kriterium war dabei die Unterordnung unter die kirchliche Hierarchie. Die Kirche unterschied zwischen Gruppen der Armutsbewegung, die integrierbar waren, und solchen, die nicht in der Kirche bleiben sollten. Das Kriterium, wer wie zu behandeln sei, war die "Rechtgläubigkeit" und die Unterordnung unter die kirchliche Hierarchie.

Unter denen, die aus der Kirche ausgeschlossen wurden, ist die Gruppe der Waldenser am bekanntesten, weil es sie noch bis in die Gegenwart gibt.[47]

---

45 Ebd. 245. Seit den letzten Jahrzehnten des 12. Jahrhunderts hatten die Theologen die Kleriker gemahnt, in ihren Predigten die Situation der zuhörenden Menschen zu berücksichtigen. Vgl. André Vauchez, Die pastorale Erneuerung in der lateinischen Kirche, in: Die Geschichte des Christentums Bd. 5 (wie Anm. 15) 799-832, hier 815f.

46 Besonders am Ende des 11. und in einigen Jahren des 12. Jahrhunderts vernichteten Naturkatastrophen die Ernten.

47 Zur Geschichte der Waldenser vgl. Malcolm Lambert, The Waldensians and the deepening crisis, in: Ders., Medieval Heresy. Popular Movements from the Gregorian Reform to the Reformation, 2. Aufl. Oxford – Cambridge, Mass. 1992, 62-87; Gabriel Audisio, Die Waldenser. Die Geschichte einer religiösen Bewegung, München 1996; Beverly Mayne Kienzle, Holiness and obedience: Denouncement of twelfth-century Waldensian lay preaching, in: The devil, heresy and witchcraft in the middle ages. Essays in honour of Jeffrey B. Russell, Leiden u.a. 1998, 259-278.

Ihr Gründer Petrus Waldes[48] war in Lyon ein reicher Kaufmann, verschenkte im Jahr einer großen Hungersnot, wahrscheinlich 1175, seine Reichtümer, begann zu predigen und sammelte Gleichgesinnte um sich. Sein Glaubensbekenntnis wurde auf der Synode in Lyon 1180 gebilligt, kurze Zeit später aber die ganze Gruppe vom Erzbischof von Lyon aus seiner Diözese ausgewiesen und 1215 vom 4. Laterankonzil exkommuniziert. Vorgeworfen wurden ihnen die Nichtbeachtung des Predigtverbots und eigenständiges Bibelstudium.
Kirchlich anerkannte Teile der Armutsbewegung gingen in die neu gegründeten Bettelorden ein, deren bekannteste die Franziskaner, gegründet 1210, und die Dominikaner, gegründet 1216, sind.
Für die religiöse Frauenbewegung wurden parallele Orden geschaffen, allerdings mit der Auflage, in "Klausur" zu gehen.[49] Selbst das rigorose Verständnis der Armut mußte sich Klara von Assisi erst mittels eines Privilegs erkämpfen. Der größte Teil der religiösen Frauenbewegung hatte sich allerdings geweigert, in Orden einzutreten. Viele von ihnen, u.a. Beginen genannt, lebten in kleineren oder größeren Hausgemeinschaften ohne ewige Gelübde und ohne Klausur zusammen. Anders als Nonnen, die aufgrund der Verpflichtung zur Klausur fast ausschließlich aus dem Adel kommen konnten, und die ihre Frömmigkeit nicht anders leben durften als in Gebet, geistlicher Schriftlesung und asketischen Zwecken, aber keinesfalls dem Lebensunterhalt, dienender Handarbeit,[50] haben die Beginen die oberen Schichten des Bürgertums angesprochen. Ihre Tätigkeiten reichten von Krankenpflege, Sterbebegleitung, Totenbestattung, Erwerbs-Handarbeit bis zu kontemplativen. Nach dem Beschluß des Konzils von Vienne 1312, Frauen, die Beginen genannt werden, zu verfolgen, gab es kein "freies" Beginentum mehr, die Beziehung der Konvente zu den Orden wurde rechtlich abgesichert und der Verklösterlichungsprozeß der Konvente forciert. Damit gaben die religiösen Hausgemeinschaften ihre kirchenrechtliche Stellung zwischen Ordens- und Laienstand auf und überlebten bis in die Gegenwart nur dort, wo sie als "Welt für sich" existierten, nämlich in den großen Beginenhöfen im niederländischen Raum.
Als weiteres Ordnungsinstrument wurde die Inquisition eingeführt, um zwischen häretischen und rechtgläubigen Mitgliedern der Armutsbewegung un-

---

48 Der Vorname ist im 14. Jahrhundert hinzugefügt worden.

49 Vielleicht hat man sich dabei zu stark an zeitgenössischen Vorlieben bzw. Abneigungen orientiert.

50 Wilts, Beginen (wie Anm. 41) 120-122. Er vergleicht S. 114-125 die Möglichkeiten und die Spannweite des religiösen Lebens von Frauen und Männern in der Zeit vor der Armutsbewegung. Nach seiner Studie hat erst die Armutsbewegung den Frauen annähernd die gleichen Chancen, ihre religiösen Begabungen zu entfalten, geboten. "Dabei ist allerdings zu bedenken, daß für Männer auch der Bereich des Weltpriestertums eine religiöse 'Karriere' eröffnete. Würde man ihn ebenfalls berücksichtigen, so schnitten die Frauen weiterhin schlecht ab", ebd. 125.

terscheiden zu können. Der gleichen Überwachung des rechten Glaubens diente die "Missio": Weil die Prediger und Predigerinnen der Armutsbewegung oftmals eine im Vergleich zu den Priestern in den Pfarreien erstaunliche Kenntnis der Hl. Schrift nachweisen konnten, kam es zu einem heftigen Streit darum, wer befugt sei, die Hl. Schrift auszulegen und zu predigen. Der Streit wurde durch die im 13. Jahrhundert neu gegründeten Orden, die durch die Seelsorge in den Städten das Pfarrprinzip durcheinanderbrachten, sozusagen institutionalisiert. Er wurde dadurch gelöst, daß mit der Weihe auch die Befugnis zur Predigt erteilt wurde. Damit durften Mönchs-Kleriker predigen. Nachteilig wirkte sich aus, daß die Predigtvollmacht nicht mehr in Verbindung mit einer Gemeinde gesehen wurde, sondern zum "abstrakten Privileg der Ordinierten wird, zum Differenzierungsmerkmal der Priester gegenüber den Laien". Infolge des in den Städten entstandenen Streits, ob Pfarrer oder Ordensleute für die Seelsorge zuständig sein sollen, schrieb man auf dem 4. Laterankonzil 1215 die jährliche Osterkommunion und -beichte beim Pfarrer fest. Übersetzungen der Bibel in die Landessprachen wurden verboten und die Schriftauslegung nur befugten Predigern gestattet. Den Laien wurde der eigenständige Zugang zur Heiligen Schrift verboten. Im Brief an die Diözesanen von Metz von Mitte Juli 1199 und Schreiben an Bischof Bertram und das Domkapitel von Metz vom 12. Juli 1199 untersagte der Papst die private Beschäftigung mit der Bibel und geheime, d.h. heimliche, Predigten. Die Bistumsleitung sollte nachforschen, was es mit den Bibelübersetzungen auf sich habe.[51] Genehmigt wurde nur die Übersetzung, die von der Universität von Paris im Auftrag des Papstes angefertigt werden sollte.[52]

1.5 Bilanz: Die Hypothek des Mittelalters bezüglich der Beziehung von Laien und Klerikern

Im Zuge der gregorianischen Reform wurde Kirche als Größe verstanden, auf die Laien, speziell Fürsten und andere "weltliche" Funktionsträger, kein Zugriffsrecht haben. Die strikte Trennung, die allerdings nur theoretisch aufrecht zu erhalten war, sollte die Freiheit der Kirche garantieren. Kirche wandelte sich damit von einer Gemeinschaft der Glaubenden zu einer Gemeinschaft all derer, die nicht Laien waren, der Kleriker. Parallel zur institutionellen Trennung wurde versucht, den Klerus auf Ehelosigkeit zu verpflichten, um ihn so auch von der Lebensweise her von den Laien zu unterschei-

---

[51] Der Brief an die Diözesanen von Metz, "Universis Christi fidelibus tam in urbe Metensi quam eius dioecesi constitutis", mit den Anfangsworten "Cum ex injuncto" zitiert, in: Die Register Innocenz' III. 2. Pontifikatsjahr, 1199/1200 Texte, hg. von Othmar Hageneder, Werner Maleczek und Alfred A. Strnad, Rom - Wien 1979, 271-275. Der Brief an Bischof und Domkapitel ebd. 275f. "Cum ex injuncto" hat Aufnahme ins Kirchenrecht gefunden, vgl. Friedberg II. (wie Anm. 13) 784-787; Decretal. lib. 5, tit. 7, c. 12.

[52] Chenu, Evangelical Awakening (wie Anm. 36) 248.

den. Die Unterscheidung zwischen Kirche und Christenheit bzw. zwischen der Kirche im engeren und der im weiteren Sinn führte zu einer stärkeren Hierarchisierung der Klerikerkirche. An ihrer Spitze stand die römische Kirche mit dem Papst als Haupt.

Die Trennung zwischen Klerus und Laienschaft wurde dann fraglich, wenn Kirche nicht mehr vornehmlich unter dem Gesichtspunkt der Struktur, der Ämter, der Machtausübung gesehen wurde. Die Ordensgemeinschaften des 11. und 12. Jahrhunderts und mehr noch die religiösen Armutsbewegungen des 12. und 13. Jahrhunderts kümmerten sich wenig um kirchliche Strukturen, sondern mehr um die zeitgemäß rechte Art und Weise des christlichen Lebens. Sie brachten Kriterien für wahre christliche Frömmigkeit ins Spiel, bei denen die Zugehörigkeit zur Gruppe der Laien oder der Kleriker irrelevant war.

Die hierarchisch aufgebaute Klerikerkirche fand im Laufe der Zeit zu einem Weg, mit diesen Bewegungen, die außerhalb von ihr entstanden waren und gleichwohl behaupteten, Kirche zu sein, umzugehen. Als Maßstab für die Zugehörigkeit zur Kirche setzte sie die Unterordnung unter die klerikale hierarchische Struktur durch: Alle die galten als Häretiker, die dem Papst den Gehorsam verweigerten; nur die durften predigen, die dazu die "missio" besaßen; freie religiöse Gemeinschaften ohne Anschluß an einen Orden wurden verfolgt.

Einerseits fällt diese Bilanz für die Laien negativ aus: Sie wurden von dem her beschrieben, was sie gegenüber dem Klerus nicht durften, und wurden nur in dem Maße akzeptiert, wie sie die klerikale Kirchenstruktur nicht störten. Beides ließe sich bis in die Gegenwart verfolgen. Andererseits zeigt der Verlauf der Kirchengeschichte, daß die Trennung zwischen der Kirche, verstanden als Kleruskirche, und der Christenheit, der Gemeinschaft derer, die an Christus glauben, nur eine künstliche war. Stichworte müssen hier genügen: Die Geschichte der Leitungsvollmacht und die der Frömmigkeit lief nicht parallel; die Geschichte der Papstverehrung ist keine bis zur Erklärung der Unfehlbarkeit aufsteigende; neben dem Versuch, vertikale Strukturen aufzubauen, gibt es den der horizontalen Strukturen; über das Patronatsrecht wirkten die Laien nach wie vor in den kirchlichen Bereich hinein. Die Bewegung der Spiritualen, des "freien Geistes" war auch eine des Aufbegehrens der Laien gegen eine Kleruskirche.[53] Andererseits gibt es auch genügend Beispiele für Kleriker, die sich nicht nur um "Kirchliches" kümmerten, vgl. z.B. die französischen Abbés, die zwischen 1650 und 1750 an der Enzyklopädie mitarbeiteten.[54]

---

53 Vgl. André Vauchez, Infragestellung der kirchlichen Hierarchie und der Vermittlungsfunktion des Klerus, in: Die Geschichte des Christentums Bd. 6 (wie Anm. 14) 321-336.

54 Michael Kessler, Enzyklopädisten, in: LThK 3. Aufl. 3 (1995) 699f.

2. Die neue Situation für die katholische Kirche nach der Französischen Revolution und ihre Folgen für die Beziehung von Klerus und Laien

Grundsätzlich infrage gestellt wurde die gewohnte Aufgabenteilung zwischen Klerus und Laien in dem Moment, wo sich als Größe neben Klerikerkirche und Christenheit die nichtchristliche Welt bzw. die säkularen Staaten etablierten. Sowohl für die Kleriker als auch für die Laien entstand das Problem, wie sie sich zu dieser neuen Welt verhielten. Bisher war "Welt" all das, was vom Wesentlichen abhielt. Die Laien hatten sich damit abgefunden, qua Laie in dieser zu wohnen, sich aber durch bestimmte Akte das Angeld auf das "Eigentliche" zu sichern. Jetzt aber entstand ein Bereich innerhalb der Welt, der dezidiert nichts mit dem Christentum zu tun haben wollte, sich aber aufmachte, auch das zu regeln, was in den Bereich des "Eigentlichen" gehörte: Ordenszulassungen, Pfarrregulierung, Ehegesetzgebung, Schulaufsicht. Wollte man in diesem Bereich der Welt christliches Gedankengut zur Geltung bringen, war man dabei auf die Hilfe der Laien angewiesen. Laien ließen sich mobilisieren, für die Freiheit der Kirche vom Staatskirchentum einzutreten und in Gremien für die Anliegen der Kirche zu sprechen.

2.1 Votum aufgeklärter katholischer Theologen, Laien an der Leitung von Diözesen zu beteiligen

Stellvertretend für aufgeklärte oder liberale Katholiken werden im folgenden Stimmen aus dem südwestdeutschen Raum aufgeführt. Ihnen kann man z.B. die Mitglieder der "Pastoral-Conferenz des Distriktes Offenburg am 24. Juli 1832" zurechnen, die Autoren der von protestantischen und katholischen Pfarrern herausgegebenen Zeitschrift "Badisches Kirchenblatt", der "Freymüthigen Blätter über Theologie und Kirchentum" und Verfasser von Schriften, die die Abhaltung von Diözesansynoden forderten, wie der Freiburger Domkapitular Fidel Haiz und der Moraltheologe Johann Baptist von Hirscher, der seit 1837 Professor in Freiburg war.
Die positive Einstellung zur Mitarbeit von Laien stand bei den der katholischen Aufklärung zugerechneten Personen in enger Verbindung mit grundsätzlichen Überlegungen, wie die Kirche ihre Aufgaben wahrnehmen solle. Die katholischen Aufklärer, in unserem Fall Hirscher an exponierter Stelle seiner Schrift "Die kirchlichen Zustände der Gegenwart", betonten, daß die Kirche die neue Situation akzeptieren müsse, weil sie Bestand haben werde. "Auf das Mittelalter zurückgreifen, scheint mir ein großer und äußerst gefahrvoller Mißgriff", so lautet sein Schlußsatz.[55] Mit Blick auf die Laien wird festgestellt, daß sie gebildeter seien als in früheren Zeiten. Die Öffnung der Wissenschaft für alle Stände mache sich positiv bemerkbar. Die Offenburger Pastoralkonferenz ging davon aus, daß Bildung auch die Ansprüche

---

[55] Johann Baptist von Hirscher, Die kirchlichen Zustände der Gegenwart, zweiter Abdruck, Tübingen 1849, 85.

an Gottesdienste oder liturgische Handlungen steigen lasse. Ein bloß mechanisches Mitmachen sei daher zu vermeiden.[56] Ganz im Sinne der "vernünftigen Gottesverehrung" der katholischen Aufklärung[57] zählte die Konferenz als Reformvorschläge die Überarbeitung der Gebetbücher[58], Übersetzung der liturgischen Texte in die Landessprache[59] und Reform der Gottesdienste[60] auf, um sie besser mitfeiern zu können.[61]
Weil Menschen außerhalb der Kirche gewonnen werden und auch "Ungläubige" mit den zentralen Fragen des Lebens konfrontiert werden sollen, sah sich Hirscher auf Laien angewiesen, die in der Öffentlichkeit das Interesse an Religion und Kirche wachhielten.[62] Sie sollten Vereine "aus

---

[56] Sind Reformen in der katholischen Kirche nothwendig? Aus welchem Wege sind dieselben zu bewirken, und welche Hindernisse stehen etwa entgegen? Beantwortet in der Pastoral-Conferenz des Distriktes Offenburg am 24. Juli 1832, hg. von Franz Ludwig Mersy, 2. Auflage, Offenburg 1833, 10f: "Nun aber ist es doch keinem Zweifel mehr unterworfen, daß auch der gemeinste Mann dermalen geweckter ist, daß er weit mehr Unterricht und Bildung hat, als in früheren Jahrhunderten; daß er also auch, was das Religiöse betrifft, auf eine ganz andere Weise angeregt werden müsse, als damals, wenn die Einwirkung der Kirche auf ihn nicht ihren Zweck verfehlen, und es nicht bloß bei dem mechanischen Mitmachen des Gottesdienstes, als eines bloßen Servitiums, sein Bewenden haben soll."

[57] Vgl. Bernhard Schneider, Einführung zur deutschen Textfassung von Bernard Plongeron, "Wahre Gottesverehrung" und das Problem des Unglaubens: Debatten um Inhalte und Wege von Religiosität und Seelsorge, in: Die Geschichte des Christentums Bd. 10: Aufklärung, Revolution, Restauration (1750-1830), hg. von Bernard Plongeron, Freiburg - Basel - Wien 2000, 233-235.

[58] Sind Reformen notwendig? (wie Anm. 56) 18: "Daher denn der Rosenkranz leider noch in unserer Zeit, da doch nunmehr Jedermann lesen kann, die Lücke überall ausfüllen muß, wo hingegen da, wo ein solches Buch [gemeint ist ein "Diözesan Gesangs- und Andachtsbuch"] in den Händen des Volkes ist, dies auch in dem allgemeinen Gesange thätigen Antheil an dem Gottesdienste nimmt."

[59] Ebd. 16: "halten wir es für angemessen, daß Alles, was unmittelbar an das Volk geht, ... in der Muttersprache... geschehe."

[60] Ebd. 17: "Vergebens wird man gegen Aberglauben predigen, wenn man denselben durch die Fortsetzung von Benedictionen und Beschwörungen immer Nahrung giebt. ... Daß übrigens unser Meßritus auf eine Art eingerichtet werden sollte, daß das Volk selbst mehr Antheil daran nehmen kann, möchte wohl nicht bezweifelt werden."

[61] Andere Texte heben hervor, daß Gottesdienste in den Landessprachen die Distanz der Laien zur Liturgie und damit zu den den Gottesdiensten vorstehenden Priestern verringern. Thomas Mergel, Für eine bürgerliche Kirche. Antiultramontanismus, Liberalismus und Bürgertum 1820-1850. Rheinland und Südwestdeutschland im Vergleich, in: ZGO 144 (1996) 397-427, spricht 415 vom Ziel der Entspiritualisierung der Priesterrolle. Zeitlich parallel habe es Stimmen gegeben, die das allgemeine Priestertum aller Gläubigen gegenüber dem besonderen der Priester herausstrichen (ebd. 416).

[62] Hirscher, Die kirchlichen Zustände (wie Anm. 55) 56: "Wir brauchen eine öffentliche allgemeine Theilnahme der Geister an den religiösen Fragen der Zeit. Wir brauchen den Ernst der Forschung. Es thun allgemeine mit Interesse geführte religiöse Besprechungen noth. Es giebt weit mehr Unwissenheit in religiösen Dingen, als man denkt.

Gläubigen, Zweiflern, Ungläubigen und Irregeleiteten" bilden "zur Besprechung aller schwunghaften religiösen Fragen."[63] Nicht alle Laien kamen dafür in Frage. Das gewissermaßen elitäre Konzept forderte die Kritik der sogenannten Ultramontanen heraus. Deren Position beschrieb Hirscher so: Sie setzten auf die klerikale Struktur, beschworen die Einigkeit der Bischöfe und wollten das Volk mittels des Klerus gewinnen, um so "eine festgeschlossene Masse" zu bilden, "welche ebensowohl des Haufens der Ungläubigen entbehren, als jedem wühlerischen Andrange Trotz bieten könne."[64] Aus zweierlei Gründen hielt Hirscher davon nichts. Einerseits habe man dann beim Volk nur die Masse im Blick, andererseits gebe man das Ziel auf, Außenstehende zu gewinnen. "Nicht die Massen sind die Nation; der Mittelstand, namentlich die in der Gesellschaft durch Talent, Kenntnisse, Amt oder Vermögen höher Stehenden sind die Nation. Ist die Kirche auf diese ohne Einfluß, wo erfüllt sie dann ihre Mission?"[65] Mit dieser Argumentation gaben sich seine Kritiker aber nicht zufrieden. Einer von ihnen, Heinrich von Andlaw, verwies auf Jesu eigene Situation. "Wurde dem 'INTELLIGENTEN' Theile der Bevölkerung wohl zuerst das 'WORT' verkündet? Arme Hirten umgaben die Krippe des Herrn; - den Armen im Geiste und an Gütern wurde das Evangelium gepredigt."[66] Da die Kräfte der Kirche begrenzt seien, muß sie schauen, wem sie sie widmet: "während Sie den s.g. intelligenten Theil des Volkes, trotz der versuchten Befriedigung SEINER Zeitforderungen, vergebens zu beruhigen trachten, entziehen Sie dem andern Theile die, SEINEN Empfindungen, seinen weniger hochmüthigen Wünschen entsprechende Nahrung. Die Einen ersterben möglicher Weise der Kirche aus angeblichem UEBERFLUß, wenn sie nicht bereits schon erstorben sind; die andern aus wirklichem MANGEL."[67]

Viele werden durch Besprechungen zum Glauben kommen, weil sie zu richtigeren Begriffen kommen. Ein Anderer, wenn aus ihm auch kein streng Confessionsgläubiger, und wenn wohl selbst nicht einmal ein Christgläubiger, so wird doch ein Nachdenkender aus ihm, welcher sich an den religiösen Fragen aufrichtig betheiligt. Schon dieses ist Gewinn, denn es wird mit Gottes Gnade weiter führen; und ist großer Gewinn, denn der Zustände schlechtester ist die Interesselosigkeit an den Fragen über den Menschen, und den Sinn seines Daseyns. Ja, wo der Ungläubige in Folge ernster Verhandlungen dem Christenthum auch nicht gewonnen wird, wird er demselben wenigstens nicht seine Achtung versagen, ihm vielmehr seine Berechtigung zuerkennen."

63 Ebd. 57.

64 Ebd. 57f.

65 Ebd. 58. Ein ähnliches Votum gegen die "Masse" findet sich ebd. 65: "Ob also der bürgerlich gewichtigere Theil der Gesellschaft an dem kirchlichen Leben sich wieder mit Interesse betheiligen wird, darauf kommt es vorzüglich an."

66 Heinrich von Andlaw, Offenes Sendschreiben an Dr. J.B.v. Hirscher zur Abwehr gegen dessen Angriffe auf die katholischen Vereine, Mainz 1850, 7. Hervorgehobene Worte sind auch im Original hervorgehoben.

67 Ebd. 8.

Die Laien, die sowohl katholische Aufklärer als auch Ultramontane ansprechen wollten, kamen damit aus unterschiedlichen gesellschaftlichen Schichten. Statt die der Bildung aufgeschlossenen Bürger wollten die Ultramontanen eher bei der klein- und unterbürgerlichen Landbevölkerung Gehör finden.[68] Das hatte Folgen für die Frömmigkeit[69]. Beide Gruppen rechneten damit. Andlaw warf den Aufklärern vor, "die höhere, sinnliche Natur des Menschen" durch ihre Reformmaßnahmen beraubt zu haben, weswegen "den niedern sinnlichen Genüssen" nachgegeben werde, da "ein ganzes Volk nicht künstlich auf der geistigen Höhe erhalten werden" könne.[70] Franz Ludwig Mersy,[71] der die Offenburger Pastoral-Konferenz einberufen und geleitet hatte, glaubte dagegen, daß "auch schlichte Landleute", wenn man ihnen die Chance gibt und nicht "die reifenden Strahlen der Aufklärung ... geflissentlich" zurückhält, Verbesserungen als solche annehmen und nicht mehr "zum Alten" zurückkehren wollen.[72] Er will sich nicht auf die verlassen, "welche fast gedankenlos dem von Jugend auf Angewöhnten anhängen, welche die Ceremonien und das äußere Kirchthum für die Religion selbst ansehen, und dieses Aeußere, das doch nur zufällig, unwesentlich, und der Veränderung unterworfen ist, für wesentlich und unveränderlich halten."[73] Denn die werde er nie für Reformen begeistern können. Die Bevorzugung der gebildeten Laien durch die aufgeklärten Theologen entsprang daher nicht nur der natürlichen Sympathie für Gleichgesinnte, sondern der Suche nach Verbündeten in der Reformfrage.[74] Wenn man Hirschers Analysen zugrundelegt, dann boten sich diesbezüglich Laien eher an als Kleriker.

Bevor er auf den letzten mehr als zwanzig Seiten seiner Schrift die Reformforderungen im einzelnen aufführte, machte er sich Gedanken, warum Laien und Kleriker in so ungleichem Verhältnis unter den Reformforderern zu finden sind und kam zu dem Ergebnis, daß die Kleriker sich viel schneller mit dem Gewohnten zufrieden geben und sich nicht um einen Austausch mit

---

68 Norbert Busch, Katholische Frömmigkeit und Moderne. Die Sozial- und Mentalitätsgeschichte des Herz-Jesu-Kultes in Deutschland zwischen Kulturkampf und Erstem Weltkrieg, Gütersloh 1997, 314.

69 Vgl. die Diskussion um die „Religiosität der Vielen" ebd. 198-201 („Die ultramontane Umgestaltung der Frömmigkeit"). 279-281.

70 Andlaw, Offenes Sendschreiben (wie Anm. 66) 9.

71 Mersy wurde am 29.11.1785 in Weingarten geboren, 1810 zum Priester geweiht und war seit 1830 in Offenburg. Vgl. zu ihm H. Reusch, Mersy, in: ADB 21 (1885) 468f.

72 Franz Ludwig Mersy, Welche Aussichten haben die s.g. Reformatoren der katholischen Kirche, und was ist dermalen ihre Aufgabe, in: Badisches Kirchenblatt Nr. 87 vom 29.10.1834, 345-347, Nr. 88 vom 2.11.1834, 349-351, hier 350.

73 Ebd. 349.

74 Hirscher, Die kirchlichen Zustände (wie Anm. 55) 65f: "Das ist aber dann das Beklagenswerthe, daß kein Bedürfniß vorhanden. Die Einen haben dann eben kein Interesse für Gott, für Christus und christliche Gottesverehrung, die Anderen aber (die Volksmassen, welche sich bei ihrem lateinischen Cult wohl fühlen) fühlen sich doch wohl mehr aus Gewohnheit, als aus befriedigtem religiösen Bedürfniß."

Laien, die das vielleicht anders sahen, bemühen.[75] Bleibe der Klerus unter sich, falle ihm die Reformbedürftigkeit der Kirche nicht auf. Erhellend sei dagegen die Sichtweise der Laien. Darf sie sich artikulieren, sei viel gewonnen. Diözesansynoden bieten dazu eine gute Gelegenheit.[76]
Wollte man Laien zur Mitarbeit gewinnen, dann mußte man sie auch stärker an Entscheidungsprozessen beteiligen. "Die kirchlichen Zustände und Bedürfnisse der Gegenwart" verlangten, so Hirscher, geradezu nach dem "Aufgebot und den Zusammenhalt aller in der Kirche vorhandenen Kräfte" und "die Vereinigung von Bischof Priester und Volk zum gemeinsamen Ziele".[77] Mit Blick auf die gegenwärtigen politischen Verhältnisse sei "eine rein monarchische Verwaltung z.B. einer Diöcese" fast unmöglich.[78] Auch innerhalb der Kirche könne man nicht mehr damit rechnen, daß die Laien allen Anordnungen Folge leisten, ohne sich zuvor von deren Sinnhaftigkeit überzeugt zu haben.[79] Habe man die Laien beim Zustandekommen der Entscheidungen hinzugezogen, dann sei die Chance größer, daß die Anordnungen akzeptiert werden. Seien sie nur von Klerikern gefaßt worden, dann riefen sie unter Umständen Widerstand hervor, weil das Volk dann Parteilichkeit und kleruseigene Interessen wittere. "Ferner, was Geistliche sagen, das sagen sie in ihrem Amt und Dienste, das macht wenig Eindruck; wenn aber ein Laie, zumal ein Solcher, welcher kein Dummkopf noch Frömmler ist, [etwas] sagt, das hat Gewicht."[80] Für Hirscher konnte die Kirche wesentliche Aufgaben nicht ohne die Laien erfüllen. Der Klerus sei dringend

---

75 Ebd. 60: "Hier und dort bildet sich der Clerus ein, wie nett und erbaulich Alles sey, was da ist und geschieht. Die Gewohnheit ist eine gewaltige Macht, und knechtet das Urtheil. Er findet Alles in Ordnung, denn er hat sich nun einmal darein hineingelebt, und wenn etwas bemängelt wird, so hat er eine Beschönigung zur Hand, die (wenn auch sonst Niemand) wenigstens ihn zufrieden stellt. Er mischt sich nie unter die Laien, beobachtend, wie dieses und jenes wirke, oder von ihnen beurtheilt werde; er setzt sich nicht in ihre Lage, fragend, wie ihm in ihrer Lage bei dem und diesem seyn würde. So wird es erklärlich, wie ein sehr wohlgesinnter Theil des Clerus gegen Reformen seyn, und auf die, welche solche verlangen, schmälen kann."

76 Ebd. 60f: "Allein lasse man nur erst Synoden zusammenkommen, lasse man nur erst das öffentliche Interesse für kirchliche Angelegenheiten allgemeiner erwachen, so wird man sehen, wie allverbreitet und dringend die Reformforderung hervortreten wird. Die Laien werden (sey es in, sey es außer der Synode) ihre Stimme erheben, und es wird sich zeigen, daß dieselbe nicht unbeachtet bleiben könne."

77 Ebd. 26.

78 Eine rein monarchische Verwaltung in der Kirche könne sich nur halten,so die unterschwellige Drohung Hirschers ebd. 27, "wenn der gesammte intelligente Theil der Bevölkerung von der Kirche abfiele, oder sich der vollsten religiösen Gleichgültigkeit hingäbe."

79 "Umsonst rechnet man auf kindlichen Gehorsam der Laien gegen die Beschlüsse der geistlichen Obern. Die Zeit dieses Gehorsams ist leider vorbei; und der Laie gehorcht zur Zeit jenen Anordnungen und Gesetzen, bei deren Erlaß er selbst mitgewirkt und von deren Begründetheit er sich überzeugt." Ebd. 41.

80 Ebd. 29.

darauf angewiesen, daß sich die Laien auch in der Öffentlichkeit für die Belange der Kirche verantwortlich fühlen,[81] da sie in Bereichen Einfluß haben, die den Klerikern verschlossen seien.[82] Mit dieser Mitarbeit des Laienstandes könne man aber nicht rechnen, "wenn er zum Bewußtsein seiner dießfälligen Pflicht nicht erweckt, und zur Erfüllung derselben nicht begeistert, kurz, wenn er zur Diözesansynode nicht beigezogen worden ist." Nur dann könne allerdings eine Diözesansynode dies leisten, wenn sie eine solche Geschäftsordnung habe, "daß jede Kraft - jede Einsicht, jedes ernste Streben, jede Tüchtigkeit sich kann kund geben, und bis auf einen gewissen Grad geltend machen."[83] Hirscher plädierte für das Stimmrecht der Laien und ging darin über Haiz hinaus, der ihnen lediglich ein Anhörungsrecht zugestand.[84] Die Pastoralkonferenz von 1832 stellte sich die Frage "Sind Reformen in der katholischen Kirche nothwendig? Auf welchem Wege sind dieselben zu bewirken, und welche Hindernisse stehen etwa entgegen?"[85] Mit der Bitte um Unterstützung sandte Mersy allen Dekanen des Erzbistums Freiburg die gedruckten Konferenzbeschlüsse zu.[86] Von den vier Kapiteln, die antworteten, äußerten sich die von Veringen und Sigmaringen uneingeschränkt positiv.[87] Das Ordinariat in Freiburg rügte mit Schreiben vom 12. Oktober 1832 das Vorgehen und berief die beantragte Generalkonferenz des Kapitels Offenburg nicht ein.[88] Der aufkommende Unmut konnte beschwichtigt werden bis das Breve Papst Gregors XVI. vom 17.9.1833 in Freiburg eintraf, das die

---

81 Ebd. 40.

82 Ebd. 42.

83 Ebd. 15.

84 Fidel Haiz sprach sich zwar für die Teilnahme von Laien an Diözesansynoden aus, sah aber deren Stimmrecht nicht in der Bibel begründet, da Jesus ihnen weder die Schlüsselgewalt übertragen noch sie ausgesandt habe (Fidel Haiz, Das kirchliche Synodal-Institut vom positiv historischen Standpunkte aus betrachtet mit besonderer Rücksicht auf die gegenwärtige Zeit, Freiburg i.B. 1849, 59. Haiz saß seit 1844 an Stelle des verstorbenen Conrad Martin im Domkapitel. Er hatte in der Ordinariatssitzung vom 7. April 1848 seine Vorschläge mündlich unterbreitet. Sein Votum pro Diözesansynode war aber ohne Ergebnis geblieben, vgl. Otto Bechtold, Der "Ruf nach Synoden" als kirchenpolitische Erscheinung im jungen Erzbistum Freiburg (1827-1860). Ein Beitrag zum Verhältnis von Staat und Kirche im Großherzogtum Baden und zur Geschichte der religiösen Aufklärung in Süddeutschland, Diss.theol. Freiburg 1958, 358.) Aber sie sind Glieder des Leibes Christi (ebd. 58) und sollen zumindest angehört werden: "Die Wissenschaft hat aufgehört, ausschließliches Vorrecht besonderer Stände zu sein, und wenn Laien durch ausgezeichnete theologische Bildung, durch ruhige Besonnenheit, durch wahre Frömmigkeit und reine Sitten sich besonders bemerklich machen, sollte die Kirche wohl Gefahr laufen, wenn sie dieselben zu Rathe zieht?" (ebd. 60).

85 So lautet der Titel der Schrift (vgl. Anm. 56).

86 So Mersy in dem Vorwort der Druckschrift, Sind Reformen nothwendig? (wie Anm. 56).

87 Vgl. Bechtold, "Ruf nach Synoden" (wie Anm. 84) 97-111.

88 Ebd. 92.

Verbreitung der Offenburger Beschlüsse verbot, weil in ihm Irrlehren enthalten seien.[89] Mersys kritische Stellungnahme in dem von ihm mit herausgegebenen "Badischen Kirchenblatt" führte dazu, daß er sich entschuldigen und aus dem Redaktionsteam verabschieden mußte.[90] Mersy und die Offenburger Konferenz standen jedoch mit ihren Ansichten nicht allein. Petitionen zur Abhaltung von Diözesansynoden wurden bis 1840 sowohl an den Freiburger Erzbischof gerichtet als auch an die Zweite Kammer des Landtags. Eine solche an den Erzbischof unterschrieben z.B. 1839 von knapp tausend Geistlichen des Erzbistums fünfhundertelf.[91] Breiter wurde die Synodenbewegung dann erst wieder im Gefolge der Märzrevolution von 1848. Mehrere Dekanate und Landkapitel forderten die Abhaltung von Synoden, die meisten auch die Beiziehung von Laien.[92]

Wie sah die Reaktion aus? Die im November 1848 in Würzburg tagende erste Bischofskonferenz konnte das Thema nicht unberücksichtigt lassen, da auch in anderen Bistümern als dem von Freiburg der Wunsch nach Diözesansynoden laut geworden war.[93] Das Promemoria des Kölner Erzbischofs Johannes von Geissel, das der Einladung beilag, gab aber der Konferenz die Richtung vor: Die Diözesansynoden sollen seiner Meinung nach erst im Anschluß an eine Nationalsynode und den Provinzialsynoden einberufen werden. Sie dienen der Herrschaft "von oben herab", keinesfalls der "von unten herauf".[94] Die Frage der Teilnahme von Laien wurde noch nicht einmal diskutiert.[95] Bischöfe, die zu solch eingeschränkten Bedingungen Diözesansynoden einberufen wollten, wurden daran durch Papst Pius IX. gehindert. Mit Schreiben vom 17.5.1849 an Kardinal Joseph Friedrich Schwarzenberg, Erzbischof von Salzburg, verbot der Papst die Abhaltung von Synoden.[96] Johann Baptist von Hirschers oben angeführte Schrift kam auf den Index der verbotenen Bücher. Hirscher widerrief, desgleichen Domkapitular Haiz.

---

89 Das Breve ist abgedruckt in: Der Katholik 13 (1833) Bd. 50 Beilage Nr. 12 XXXIX-XLIV.

90 Bechtold, "Ruf nach Synoden" (wie Anm. 84) 97.

91 Ferdinand Strobel, Der Katholizismus und die liberalen Strömungen in Baden vor 1848. (Ein Beitrag zu den Ursachen und Anfängen des politischen Katholizismus in Deutschland), Diss.phil. München 1938. Im Abschnitt über die Abwehr des kirchlichen Liberalismus nach 1827 behandelt Strobel S. 91f und im Exkurs "Die Auseinandersetzung mit dem Synodalismus" S.145-153 die Forderung nach Diözesansynoden. Der Hinweis auf die Petition steht S. 145.

92 Hermann Josef Sieben, Die katholische Konzilsidee vor der Herausforderung durch die Demokratie. Die Beratung der Würzburger Bischofskonferenz (1848) über die Diözesansynode, in: Theologie und Philosophie 63 (1988) 537-568, hier 538.

93 Ebd. 541-543.

94 Ebd. 545 Anm. 44.

95 Ebd. 567.

96 Das Schreiben in: Archiv für Kirchengeschichte und Kirchenrecht 2. Heft (1851) 72-78.

Beides verkündete Erzbischof Hermann von Vicari mit Hirtenschreiben vom 12.2.1850.[97] Von Synoden hörte man anschließend nichts mehr.
Das Ende der Synodenbewegung bedeutete auch das Ende der Reformvorhaben, die die Beziehung zwischen Laien und Klerikern verbessern wollten. Gleichzeitig war das Ende der aufgeklärten Theologie gekommen. Die Richtung, die sich in der Kirche durchzusetzen begann, wird als "ultramontan" bezeichnet. Neben der Zentrierung auf Rom und einer tiefen Papstverehrung ist für sie charakteristisch, daß sie versuchte, ein homogenes, gegenüber der Welt abgeschlossenes katholisches Milieu zu schaffen.

2.2 Das Laien- und Klerusbild der "Ultramontanen"

Die "Ultramontanen" sahen in der Gesellschaft, in die die Kirche hineingestellt war, nur die Momente, die zur Gegenwehr riefen. Als Konsequenz erwuchs daraus ein Kirchenbild, das die Verbindungen mit der Welt kappte, Gottesdienst und Weltdienst als unvereinbar ansah und den Priester als dasjenige Mitglied der Kirche aufbaute, das sich – anders als der Laie – von der Befleckung mit der Welt freihalten kann. Die Quasi-Mystifizierung des Priesters tritt uns in vielen Quellen des 19. Jahrhunderts entgegen. Stellvertretend wird im folgenden der Gedankengang einer Primizpredigt vorgestellt. Das Medium Predigt spiegelt Auffassungen und bildet seinerseits Meinungen. Unabhängig davon, ob ein Priester damals real so war, wie er vorgestellt wurde, entwarf der Prediger ein Bild von ihm, ein Bild, das an die – gerade bei Primizen – zahlreich Zuhörenden weitervermittelt wurde.
Die ausgesuchte Predigt wurde 1851 gedruckt. Bei dem Prediger handelte es sich um den 1819 geborenen Franz Hettinger, der nach seiner Promotion an der Gregoriana in Rom Assistent am Priesterseminar zu Würzburg war, ehe er 1857 Professor für Theologische Einleitungswissenschaften und Patrologie in Würzburg wurde.[98]
Hettinger ließ keine Gelegenheit aus, den Gegensatz zwischen Kirche und Welt zu betonen. Auf Seiten der Welt stehen für ihn Vergänglichkeit, Flekken, "Welken und Entblättern der Blüten", auf Seiten der Kirche Unvergänglichkeit, Fleckenlosigkeit, Ewigkeit und Frische.[99] Mit der Priesterwei-

---

[97] Bechtold, Der "Ruf nach Synoden" (wie Anm. 83) 377.

[98] Hettinger erhielt 1867 die Professur für Apologetik und Homiletik, 1884 die für Dogmatik. 1868/69 war er Konsultor beim Ersten Vatikanischen Konzil. Zu ihm Abraham Peter Kustermann, Hettinger, in: LThK 3. Aufl. Bd. 5 (1996) 77.

[99] Franz Hettinger, Die Vermählung mit der Kirche, in: Ders., Das Priesterthum der katholischen Kirche. Primizpredigten, Regensburg 1851, 102-117, hier 105f.: "Die Kirche, die Heilige, ist seine Liebe, ihr hat er sein ganzes Herz zu eigen gegeben. Und diese Liebe ist um so inniger und glühender, ja strahlender der Glanz der Schönheit, der über die hohe Gestalt der himmlischen Braut ausgegossen ist ... Es ist die unendliche Schönheit Jesu Christi ihres Herrn, dessen Blut über sie geflossen, daß sie sei makellos und ohne Flecken, es ist die himmlische Schönheit Jesu Christi, die in ihr lebt, die auf ihrem Angesichte strahlt, die sie mit so unaussprechlicher Würde umkleidet, es ist der Wiederschein der ewigen Schönheit Gottes, was den heiligen Leib der

he gelingt der Übergang: "Denn wieder hat einer sich losgesagt von der Welt und ihrer vergänglichen Liebe, und jene zur Braut sich erkoren, deren Schönheit fleckenlos, deren Liebe unvergänglich ist."[100] Zukünftig hat er sich für seine "Braut" zu engagieren und sich damit gegen die "Welt" zu stellen: "Halte fern von dir alles, was nicht heilig ist, lasse die Welt nicht heran, lasse dir nichts verderben an deiner geweihten Priesterseele!"[101] Der Kampf gegen die Welt wird zwar in der Seele entschieden, wird aber bildreich hinsichtlich der Konsequenzen für die leiblichen Ausdrucksformen beschrieben: "Das AUGE des Priesters, das so tiefe Blicke in die Reiche der Ewigkeit gethan, wie dürfte es zugleich in die Niederungen des Lebens sich herabsinken, nach Irdischem verlangend! Die HÄNDE des Priesters, welche die Gnade Gottes geweiht und gesalbt, um das Opfer der Gemeinde, ihre Gebete und stillen Seufzer vor dem Throne des Ewigen niederzulegen, wie dürfte sie sich nach Oben heben, und zugleich begehrlich nach Unten ausstrecken! Die ZUNGE des Priesters, die so heilige Geheimnisse verkündet, und Worte spricht, die den Engeln zu sprechen nicht gegeben war, wie dürfte sie noch andere, als Worte heiliger Liebe reden! Das HERZ des Priesters, das in heilige Gottesliebe wie in seinen Himmel eingegangen, und da unaussprechliche Seligkeit kostet, wie dürfte es noch auf Erden seinen Himmel suchen wollen und seine Beseligung! Ja wahrhaftig, wo so das Herz voll ist von heiliger, priesterlicher Liebe, da kann irdische Liebe keine Stätte finden."[102]

Ein solchermaßen auf der Seite des Ewigen und Heiligen Stehender, in Bezug auf die Feier der Eucharistie sogar gegenüber den Engeln Bevorzugter, wird sich nicht mit den "Niederungen des Lebens" befassen. Daß "irdische Liebe" für ihn außerhalb jeder Diskussion steht, erscheint dann fast selbstverständlich.

Welche Rolle spielt bei einem solchen Priesterbild der Laie? In der zitierten Primizpredigt wird nicht vom Laien gesprochen, sondern von der Gemeinde. Sie ist der Gegenstand seiner Liebe.[103] Er ist ihr guter Hirte, der für sie "in seinem Gebet als der Engel seiner Gemeinde vor dem Throne Gottes" steht und für sie Fürbitte einlegt,[104] was ihr auch nach seinem Tod noch zum Se-

---

Kirche umfließt und verklärt. Und diese Schönheit welket nicht, sie ist ewig wie Gott, von dem sie aufgeflossen, diese Blüte entblättern die Stürme des Lebens nicht, immerdar frisch und unberührt schmückt der jungfräuliche Brautkranz ihr hohes Haupt."

100 Ebd. 103.

101 Ebd. 116.

102 Ebd. 108. Im Zitat hervorgehobene Worte sind es auch im Original.

103 Ebd. 107: "Seine Kirche, seine Gemeinde, das ist seine Liebe. Nicht geteilt durch irdische Liebe, hat er auf sie all' seine Hoffnungen und Wünsche übertragen, hat er ihr sich zurückhaltlos hingegeben, trägt er all' ihre Glieder mit zarter Vatersorge am Herzen."

104 "Sein Herz ist ein Vaterherz, dem die Herzen sich erschließen, in dem sie ihre Sorgen niederlegen. Er trägt sie in seinem Herzen, wie der gute Hirt das Lamm auf seinen

gen wird[105] Seine Gemeinde wird auch "heiliger Gottesgarten" genannt, in der der Priester pflanzt, hütet und baut.[106] Sie ist ihm eine "teuere Familie" geworden, in der "viele fromme heilige Seelen mit großer Innigkeit an ihm hängen".[107] Sie erschließen ihm ihre Herzen, legen ihm ihre Sorgen dar: "Da ist kein Schmerz und keine Not des Leibes, keine Krankheit des Geistes, wo er nicht nahe stünde mit heiliger Hirtentreue, um auszuwaschen mit dem Wein der Liebe die schmerzlichen Wunden, die Sünde, Not und Tod geschlagen, und hineinzugießen den heilenden Balsam der Gnade. Da ist kein Unglücklicher, noch so elend und verlassen, gemieden und geflohen, da ist kein Kranker noch so entstellt und schaudererregend, in dessen dunkler Kammer die Friedensgestalt des Priesters nicht erschiene mit Trost aus der andern Welt."[108]

Fassen wir die Beziehung Laie – Klerus nach diesen Texten zusammen: Die Laien in der Gestalt von Kirchengemeinden treten uns entgegen als solche, für die gebetet werden muß, da sie mit Sünde, Not und Tod geschlagen sind. Trost "aus der andern Welt" bringt der Priester. Er ist es, der sich um ihr Heil sorgt, der sie im "Opfer am Altare" zu Gott führt, die "Friedensgestalt". In seinem Dienst an der Gemeinde steigt er aus der Höhe zum Sünder hinab "in den finstern Abgrund seiner Laster".[109]

Die Laien werden rein negativ über ihre Verhaftetheit an das, was "die Welt" auszeichnet, bestimmt. Von Fähigkeiten, Charismen, die sie besitzen können, ist nicht die Rede, geschweige denn von einem Auftrag, den sie innerhalb der Kirche besitzen. In ihrem Zugang zu Gott sind sie auf den Klerus angewiesen. Ihn brauchen sie als "Brücke". Demgegenüber wird vom Priester erwartet, daß er von seinem Menschsein die Empathie bewahrt, ansonsten aber eher einem Engel gleicht. Die Gefahr der Überforderung ist damit gegeben. Hettinger erkennt sie. Als gefährdete Stelle macht er das Herz des Priesters aus: "Die Außenwelt, die Verführerin, mag der Geweihte

---

Schultern, Tag und Nacht sinnend, was ihnen zum Heile diene, er steht in seinem Gebet als der Engel seiner Gemeinde vor dem Throne Gottes, flehend für seine heilige Braut, in seinem Opfer am Altare führt er die Gemeinde hin zum höchsten Hirten, um sie ihm in die Arme zu legen." (Ebd. 109.)

105 Ebd. 114: "Seine Gedanken an die teuere Gemeinde sind Gebete für sie, längst ist er dahingeschieden, aber der Segen seiner Fürbitte träufelt nieder auf seine Kirche wie Tau auf schmachtendes Erdreich."

106 Ebd. 107.

107 Ebd. 107.

108 Ebd. 109.

109 Ebd. 109f: "Denn der Priester ist Vater, und die Sünder sind jene aus den Seinen, die am meisten der Liebe bedürfen. Und da ist Keiner so tief gefallen, daß der Priester nicht hinabstiege zu ihm in den finstern Abgrund seiner Laster, da ist Keiner so in Bosheit verhärtet, daß die Liebe ihn nicht doch noch erweichen könnte, die Liebe, die nicht ermüdet, die sich nicht weigert zu sterben für die Ihrigen, die immerdar mit dem Apostel spricht: 'Ueberaus gerne will ich Opfer bringen, ich will mich selbst aufopfern für euere Seelen' (2 Corinth. 12,15)."

fliehen, aber die Welt flieht er darum doch nicht. Der Mensch trägt in sich die Welt ... Des Menschen eigenes Herz, das ist die Welt."[110] Der Prediger weiß dem Neugeweihten eine Hilfe anzubieten. Es sind die Vorschriften der Kirche hinsichtlich der priesterlichen Lebensweise, wozu besonders die tägliche Eucharistiefeier gehört.[111] Seine gegenüber den Laien hervorgehobene Stellung verdankt er daher letztlich der Kirche, die ihn wie die Mutter das Kind trägt.

2.3 Die Grenzen zwischen Kirche und Welt weichen auf

Auch wenn die kirchenoffzielle Diktion keine Veränderungen aufwies, gibt es Indizien, daß sich spätestens um 1900 das Verhältnis von "Kirche" und "Welt" zu ändern begann.[112]

Waren die Ultramontanen zuvor stolz darauf gewesen, "die Vielen" und nicht "die Intellektuellen" an sich gebunden zu haben, so fanden sich nun Stimmen, die das Bildungsdefizit der Katholiken beklagen.[113]

Bezüglich der Frömmigkeitspraxis der Menschen stellten die Priester um die Jahrhundertwende beunruhigt fest, daß die Laien zunehmend private Andachtsformen bevorzugten. Da diese "im stillen Kämmerlein" stattfanden, sahen sie ihren Einfluß auf die Laien schwinden.[114]

Die Frömmigkeitspraxis könnte ein Indiz dafür sein, daß sich die Laien generell von der Beeinflussung und Disziplinierung durch den Klerus freimachen wollten. Die eingesehene Literatur ist sich dieser Einschätzung allerdings nicht sicher. Kontrovers wird diskutiert, ob die katholischen Vereine nur eine weitere, moderne Variante in der Beeinflussung des Volkes durch den Klerus darstellten[115] oder eine Chance zur Emanzipierung der Laien und

---

[110] Ebd. 112.

[111] Ebd. 112f: "Was also sichert dem Priester die Treue? Es ist die heilige Kirche, es ist die hohe Braut selbst, die so ängstlich wacht für die Treue ihres Priesters. Darum hat sie in ihren Vorschriften für das priesterliche Leben ihn wie mit einer heiligen Schutzwehr und unsichtbaren Mauer umgeben, die ihn schirmen soll vor dem Andrang der Feinde. Darum hat sie den kostbaren Edelstein der heiligen Treue mit der priesterlichen Zucht wie mit einer goldenen Einfassung umschlossen, so lange diese unversehrt bleibt, kann die Treue nicht verloren gehen und in den Staub getreten werden. Darum hat sie das innere und äußere Leben des Priesters mit so wunderbar erhabenen, geist- und salbungsvollen Uebungen durchflochten, die eben so viele Bande sind, mit denen sie ihn festhält, die den Priester führen und tragen wie die Mutter das schwache Kind, wenn sein Auge trübe wird und seine Kniee ermatten und er mit unsicherem Schritte hin und her wankt."

[112] Vgl. Busch, Katholische Frömmigkeit (wie Anm. 68) 239.

[113] Josef Mooser, "Christlicher Beruf" und "bürgerliche Gesellschaft". Zur Auseinandersetzung über Berufsethik und wirtschaftliche "Inferiorität" im Katholizismus um 1900, in: Deutscher Katholizismus im Umbruch zur Moderne, hg. von Wilfried Loth, Stuttgart-Berlin-Köln 1991, 124-142, bes. 134f.

[114] Busch, Katholische Frömmigkeit (wie Anm. 68) 206.210.234f.243-249.

[115] In seiner Studie über die Vorkommnisse in Marpingen geht Blackbourn einerseits davon aus, daß die Kontrolle in den Vereinen fest in den Händen des Klerus lag, an-

zur Überbrückung der Kluft zur "Welt" boten. Thomas Nipperdey plädiert für die zweite Sicht. Die gesellschaftlich entmachtete Kirche schuf sich mit den Vereinen eine Basis, um nach wie vor in allen Lebensbereichen präsent zu sein. Zunächst waren die Vereine kirchliche Vereine, auf die der Klerus hohen Einfluß hatte. Zudem waren sie gedacht als Gegenmacht zur "Welt". Sie sollten "Religion und Moral der Tradition sichern gegen alle Gefahren säkularer Desorientierung, und sie wollten katholische Geborgenheit und Heimat in einer feindlichen Welt bieten, pflegen und entfalten."[116] Aber, so Nipperdey, im Zuge der Weiterentwicklung der Vereine konnte diese Gegnerschaft nicht aufrechterhalten werden.[117] Ein Faktor, der dazu beitrug, war der der Konkurrenz mit den Vereinen "der Welt". Wollten die katholischen Verbände neben diesen bestehen, mußten sie sich organisatorisch weiterentwickeln und professionalisieren. Ihre Führungsgremien begannen über die katholisch-kirchlichen Ziele hinaus verbandsspezifische zu entwikkeln. Auch "die Geistlichen, die dort als Generalsekretäre, Präsides etc. die Führung oder führenden Einfluß haben, werden von ihrer Funktion im Verband geprägt, sie identifizieren sich mit dem Eigengewicht der Verbände und vertreten es - und das wird dann wichtig - gegebenenfalls auch gegenüber ihren Bischöfen."[118] Noch entscheidender war aber das Verhältnis der Vereine und Verbände zur "Welt". Zunehmend entpuppte sie sich als eine, die verändert werden wollte und Gestaltungsmöglichkeiten barg, allerdings um den Preis, die gewohnte Distanz zu ihr aufzugeben.

Langfristig pflegten die Laien mittels der Verbände Gemeinschaftsformen, die in Konkurrenz zu den Ortspfarreien traten. Liturgiebewegung und Bibelbewegung verstärkten diese Tendenz seit Anfang des 20. Jahrhunderts. Damit verringerte sich der Einfluß der Gemeindepfarrer auf die Laien. Die Propagierung der Katholischen Aktion seit den zwanziger Jahren kann als Versuch der Kirche verstanden werden, die Laienaktivitäten in den Raum der Pfarrei einzuhegen.[119]

---

dererseits die nach wie vor vorhandenen "Exzesse" des Volkes (so die klerikale Sicht) die Grenzen seiner Autorität zeigten: David Blackbourn, Wenn ihr sie wieder seht, fragt wer sie sei. Marienerscheinungen in Marpingen – Aufstieg und Niedergang des deutschen Lourdes, Reinbek bei Hamburg 1997, 144f. Generell dazu Olaf Blaschke, Die Kolonialisierung der Laienwelt. Priester als Milieumanager und die Kanäle klerikaler Kuratel, in: Religion im Kaiserreich. Milieus – Mentalitäten – Krisen, hg. von Olaf Blaschke und Frank-Michael Kuhlemann, Gütersloh 1996, 93-135.

[116] Thomas Nipperdey, Deutsche Geschichte 1866-1918. Bd. 1: Arbeitswelt und Bürgergeist, München 1990, 440.

[117] Nipperdey beschreibt den Vorgang als "Modernisierung": "Diese Vereine und ihre Entwicklung ändern und modernisieren auf Dauer das Gefüge des Katholizismus", ebd. 441.

[118] Ebd. 441.

[119] Die von Papst Pius XI. in der Enzyklika "Ubi arcano" Weihnachten 1922 propagierte Katholische Aktion kann von zwei verschiedenen Seiten her beurteilt werden. Einerseits wurde erstmals kirchenoffiziell betont, daß die Laien in der Kirche für die Aus-

Für das Verhältnis von Laie und Klerus vor dem Zweiten Vatikanischen Konzil symptomatisch ist die Diskussion um das Experiment der Arbeiterpriester. Es hatte seine Wurzeln in der Seelsorgstätigkeit von als Arbeiter getarnten Priestern in den Arbeitslagern des besetzten Frankreich. Ebenfalls andere Erfahrungen als das herkömmliche Pfarrmilieu steuerten die Priester bei, die in Kriegsgefangenschaft geraten waren. Schlüsselfunktion für die weitere Entwicklung besaß die "Denkschrift über die Gewinnung proletarischer Kreise für das Christentum", die Abbé Godin und Abbé Daniel, zwei Seelsorger der JOC (Jeunesse Ouvrière Catholique), am 5. März 1943 Kardinal Suhard von Paris überreichten. Unter dem Titel "Ist Frankreich Missionsland?" ist sie veröffentlicht worden.
In seiner Denkschrift analysierte Abbé Godin die Lage des Christentums in Frankreich. Besonders Vergleiche mit Missionen in Afrika hatten ihn nachdenklich gemacht. Bei einer geringeren Zahl von Priestern wurde ein größerer Prozentsatz der Bevölkerung für das Christentum gewonnen. Er schloß daraus, daß man den falschen Weg gewählt hatte, den Menschen das Christentum nahezubringen. Einen Missionar läßt er den Unterschied folgendermaßen benennen: "Der grundlegende Unterschied ist folgender: Ihr geht von der Existenz einer christlichen Gemeinde aus, die aber in Wirklichkeit verschwunden ist; ohne jeden nachhaltigen Erfolg verhelft Ihr zahlreichen Leuten, religiöse Einzelakte zu vollziehen, die sie an Gott binden sollen. Ihr überseht, daß es weitaus wichtiger ist, für den inneren Wert einer Christengemeinde Sorge zu tragen als sich zu bemühen, wunderschöne Statistiken aufzustellen. Ihr verliert dabei eine Menge Zeit, Ihr verbraucht Massen von Menschen, ohne ein nennenswertes Ergebnis zu erzielen. ... Unsere Aufgabe, die uns so nachdrücklich durch den großen Missionspapst Pius XI. in Erinnerung gebracht worden ist, besteht darin, Christengemeinden ins Leben zu rufen, die hundertprozentig den Eingeborenen zugehören, die vollständig in Land und Umwelt inkarniert sind."[120] Die Inkarnierung "in Land und Umwelt" scheiterte in Frankreich, so Godin, an der Unvereinbarkeit der Le-

---

breitung der christlichen Botschaft unersetzlich sind, andererseits sollten sie nichts ohne die Aufsicht des Klerus tun. Vgl. Peter Neuner, Der Laie und das Gottesvolk, Frankfurt/M. 1988, 13-15, 108-112, und Dirk H. Müller, Katholische Aktion versus Vereinskatholizismus. Zur kirchlichen Integration und Emanzipation der katholischen Laien, in: Seelsorge und Diakonie in Berlin. Beiträge zum Verhältnis von Kirche und Großstadt im 19. und beginnenden 20. Jahrhundert, hg. von Kaspar Elm und Hans-Dietrich Loock, Berlin – New York 1990, 475-497. Die Katholische Aktion wurde nicht zuletzt auch deshalb gefördert, weil man mit ihr ein Gegengewicht zum ungeliebten Zentrum aufbauen konnte. Vgl. zu dieser für das Verhältnis zur Weimarer Republik problematischen Gegnerschaft Joachim Köhler, Katholische Aktion und politischer Katholizismus in der Endphase der Weimarer Republik, in: Rottenburger Jahrbuch für Kirchengeschichte 2 (1983) 141-159.

120 Henri Godin, Ist Frankreich Missionsland?, deutsche Übersetzung in: René Michel, Zwischen Abfall und Bekehrung. Abbé Godin und seine Pariser Mission, Offenburg o.J. [1950], 59-241, hier 151f.

bensweise der Arbeiter mit der bürgerlichen der Christinnen und Christen. Analog zur auswärtigen Mission forderte er daher, daß christliche Missionare bei den Arbeitern selbst Arbeiter sein müßten. Laienhelfer werden anders als in den Missionsgebieten nicht in genügend großer Zahl eingesetzt.[121] Bei den traditionellen Pfarrgemeinden finde er für einen missionarischen Aufbruch zuwenig Unterstützung,[122] daher arbeite er für eine "missionarische Katholische Aktion".[123] Deren Aufgabe sei es, "alle bestehenden Menschengemeinschaften zu entdecken und in jede eine christliche Kerntruppe zu bilden, welche mit Hilfe eines Priesters zu einer Gemeinde würde, die auf die Umwelt einwirkt und Anziehungskraft ausübt."[124]

Abbé Godin stellte also in seiner Studie herkömmliche Gemeindepastoral den Erfordernissen einer Kirche gegenüber, die in einem entchristlichten Land zu missionieren gezwungen sei. Die Arbeit der Laien bleibe unvollkommen, wenn sie nicht von der der Priester gestützt werde, die sich dazu aber ins Arbeitermilieu begeben müssen. Mit Unterstützung von Kardinal Suhard gründete Godin 1944 die "Mission de Paris", um sie darauf besonders vorzubereiten. Ihre Mitglieder wurden vom Pfarrdienst befreit und wirkten als Arbeiter unter Arbeitern. Sie waren dem Erzbischof von Paris unterstellt. Ihre Zahl war nie höher als fünfundzwanzig.[125] Nach mehrjährigen Beratungen zwischen dem Papst bzw. seinen Vertretern und den französischen Bischöfen wurde Anfang 1954 das Experiment der Arbeiterpriester "in seiner gegenwärtigen Form" für beendet erklärt. Die Dominikaner hatten sich besonders engagiert. Ihre Provinziale von Paris, Lyon und Toulouse wurden abgesetzt und die die Arbeiterpriester stützenden Theologen wie Yves Congar und Marie-Dominique Chenu verurteilt.[126]

Für das Vorgehen der Kirche gibt es sicher mehrere Gründe. Daß zur Zeit des "kalten Krieges" eine Lebensweise nicht freundlich aufgenommen würde, die fast zwangsläufig zu gemeinsamen Aktionen mit Kommunisten führte, klingt einsehbar.[127] Ein zweiter Konfliktbereich waren die neuen Priori-

---

[121] Ebd. 211f: "Der Angelpunkt des ganzen Apostolats ist dieser Laienhelfer. In Ruanda-Urundi [!] gibt es 2072 männliche und 123 weibliche Religionslehrer. In Uganda entfallen auf 110 Priester 879 männliche und 142 weibliche Katecheten. Die große Zahl dieser Laienhelfer ist von höchstem Interesse. In ihrer Funktion als besonders eingesetzte Propagandisten sind sie bei uns völlig unbekannt."

[122] Ebd. 180.

[123] Ebd. 202-205.

[124] Ebd. 226.

[125] So Die Arbeiterpriester. Dokumente, deutsch von Alfred Günther und Jean Janès, Heilbronn 1957, XIII.

[126] Reinhard Frieling, Arbeiterpriester, in: TRE 3 (1978) 681-687, hier 682f.

[127] So die Einschätzung von André Collonge, Die Kirche und das Proletariat. Das Drama der französischen Arbeiterpriester, Darmstadt 1958, 19 und öfter. Im Beschluß des Heiligen Offiziums vom 3. Juli 1959 sprach der Sekretär, Kardinal Pizzardo, vom gefährlichen "Einfluß des Milieus": "Der ‚arbeitende Priester' lebt nicht nur mitten in einer materialistischen Umgebung, die für seine geistige Haltung verhängnisvoll wer-

täten in der Pastoral. Die Arbeiterpriester hatten die oben zitierte Kritik des Missionars ernstgenommen und weniger auf den statistischen Erfolg in der Sakramentenspendung geachtet als darauf, die menschenfreundliche Seite des Christentums zu leben.[128] Noch gravierender wurden die damit zusammenhängenden Veränderungen im Priesterbild eingeschätzt. Auf sie wird in den offiziellen Stellungnahmen am meisten Bezug genommen. So schrieb Kardinal Liénart, Erzbischof von Lille, Anfang 1954: "Der Heilige Vater hat diese Entscheidungen aus grundsätzlichen Erwägungen getroffen. Priester sein und Arbeiterpriester sein sind zwei Funktionen, zwei verschiedene Lebensformen. Es ist nicht möglich, sie in ein und derselben Person zu vereinigen, ohne dem Gedanken des Priestertums Gewalt anzutun. Der Priester ist dafür da, sein Leben Gott und dem Dienst der Seelen zu weihen. Der Arbeiter erfüllt eine zeitlich-weltliche Aufgabe. Es gibt kein Mittel, beide Aufgaben zu verschmelzen."[129] Nach Liénart gehört die Handarbeit nicht zu den wesentlichen Aufgaben eines Priesters. Weil er mit ihr aber viel Zeit zubringt, fehlt sie ihm für das Wesentliche. Dazu zählen das Breviergebet und die Feier der Eucharistie.[130] Der Arbeiterpriester "läuft Gefahr, sich in weltlich-zeitlichen Fragen zu verlieren. Das Priestertum muß daher außerhalb

---

den und oft selbst seine Keuschheit gefährden kann; er übernimmt auch, fast ohne es zu wollen, auf sozialem und gewerkschaftlichem Gebiet die Denkweise seiner Arbeitskameraden und schließt sich ihren Forderungen an: eine bedenkliche Verflechtung, die ihn rasch dazu führen kann, am Klassenkampf teilzunehmen. Das ist aber für einen Priester unzulässig." Zitiert in: Die Entchristlichung der Arbeitswelt. Dokumentation zum Abschluß des Apostolats der französischen ‚Arbeiterpriester', in: Frankfurter Hefte 14 (1959) 851-859, hier 853.

128 Frieling, Arbeiterpriester (wie Anm. 126) 682: "Zu Beginn der fünfziger Jahre mehrten sich die Konflikte mit der traditionellen pfarramtlichen Pastoral, die auf ‚Evangelisation' und Erlösung der Seelen ausgerichtet war, während die Arbeiterpriester vornehmlich für die Befreiung der Arbeiterklasse von ungerechten Strukturen eintraten." Oder bei Collonge, Die Kirche (wie Anm. 127) 92f: Es gehe um zwei Verstehensweisen. "Die eine ist dadurch gekennzeichnet, daß an oberster Stelle der um jeden Preis zu beobachtende Ritus steht, die zweite dadurch, daß man als erstes den Glauben sucht, das Sakrament an zweite Stelle setzt, nicht dem Werte nach, sondern in der Reihenfolge innerhalb der Entfaltung des christlichen Lebens."

129 Zitiert nach: Kardinal Liénart zur Frage der Arbeiterpriester, in: Herder-Korrespondenz 8 (1953/54) 216.

130 Vgl. aus dem Rundschreiben des Erzbischofs von Aix-en-Provence, Charles de Provenchères, vom 11. Februar 1954: "Aber der Priester kann in seiner Mission nicht auf die Dauer das offizielle Gebet der Kirche entbehren; ihm ist es aufgetragen, im Namen des ganzen Volkes für die Lebenden und die Toten zu beten. Muß man übrigens betonen, wie notwendig ein unablässiges Gebetsleben für ihn ist, um den priesterlichen Geist zu bewahren? Der Papst und seine Bischöfe waren von Sorge erfüllt, daß sich die Priester, die schließlich zu sehr beschäftigt und zu sehr gebunden waren, mehr und mehr vom Wesentlichen ihres Priesterlebens entfernten." Das Rundschreiben ist abgedruckt in: Die Arbeiterpriester. Dokumente (wie Anm. 125) 162-174, hier 167.

dieses Bereiches bleiben, ohne sich indessen vollständig aus der Welt zu lösen."[131]
Seelsorge und Sorge um weltlich-zeitliche Fragen werden in den Stellungnahmen gegen die Arbeiterpriester zwei verschiedenen, nicht überbrückbaren Bereichen zugeordnet. Weil die Arbeiterpriester arbeiteten und diese Arbeit ernst nahmen, warf man ihnen vor, an die Stelle der Laien gerückt zu sein. Damit stellte sich in den fünfziger Jahren die Frage nach der Beziehung zwischen Klerus und Laienschaft als die nach der zwischen der Welt der Seelsorge und der der zeitlichen Fragen oder nach der zwischen der Welt der Sakramente und der Profanwelt.[132] Die Verteidiger der Arbeiterpriester versuchten, beide Welten zu verbinden. Sie votierten für eine Abkehr von "mittelalterlichen" Missionsmethoden[133] und ein neues Verständnis von Arbeit und "Beruf". Schon Abbé Godin hatte in seiner Studie von 1943 zwei Pflichten jedes Christen unterschieden, nämlich die des Wirkens einmal durch das persönliche Leben, dann "durch unsere soziale Stellung ... Es ist unsere Pflicht als Priester, Arzt, Offizier, Offiziersfrau, Familienmutter usw., unseren Beruf als Christen zu erfüllen".[134] Die gegenwärtig schlechte Lage,

---

131 Kardinal Liénart zur Frage der Arbeiterpriester (wie Anm. 129) 216.

132 Vgl. Collonge, Die Kirche (wie Anm. 127) 88: "Man hat wiederholt gesagt, daß die Arbeiterpriester an die Stelle der Laien rückten. Der Vorwurf scheint begründet. Ich persönlich erkenne ihn nicht an; denn er entspringt ganz einfach einer bestimmten Auffassung der Beziehungen zwischen Priester und Welt, d.h. letzten Endes zwischen der Schöpfung und dem Reich der Gnade. Wenn die Welt etwas Gegebenes ist, dem wir uns lediglich anzupassen haben, wenn der Priester in der Profanwelt zwar lebt, die entscheidenden Kräfte seiner Aktivität jedoch für ein gesondertes Universum bewahren soll, wenn die Welt, die sich unter dem Einfluß der Arbeit wandelt, von der religiösen Welt radikal unterschieden ist, dann, ja dann haben die Arbeiterpriester einen Platz eingenommen, der ihnen nicht gemäß ist, eben den der Laien."

133 Der frühe Förderer der Arbeiterpriester, Kardinal Suhard, forderte von den Priestern, daß sie "Zeugen werden, weniger um zu siegen, als um ein ‚Zeichen' zu sein. Man hat ihnen gesagt: Sich zu Gott bekennen, heißt nicht Propaganda machen, es heißt auch nicht Erschütterung hervorzurufen, sondern ‚das Geheimnis Gottes gegenwärtig halten'. Das aber bedeutet, so zuleben, daß den andern offenbar wird, daß dieses Leben aus Gott gelebt wird. Zeuge Gottes sein heißt nicht so sehr, die äußere Lebensform zu ändern, sondern den festen Willen haben, mit der Masse der Enterbten eine wirkliche Schicksalsgemeinschaft zu bilden. Das Leben dieser Priester ist weder eine Flucht aus der bisherigen Enge, noch dient es soziologischen Studien oder gar ‚Eroberungs'-Gelüsten: es ist nichts anderes als ein Zeugnis für die Erlösungsbotschaft. Ihre Arbeit ist für sie nicht ein Vorwand oder eine Gelegenheit zur ‚Propaganda', sie ist ‚der Akt der Einbürgerung' der Priester unter Menschen, für die er bisher nur ein Fremder war ... Wir werden wohl lange Zeit brauchen, bis wir gewisse Methoden des ‚mittelalterlichen Christentums' ganz überwunden haben ... ." Der Text ist abgedruckt in: Die Arbeiterpriester. Dokumente (wie Anm. 125) 122-125, hier 124f. In Auszügen auch in: Friedrich Heer, Die Arbeiterpriester in Frankreich. Ursprung und Hintergründe, in: Hochland 46 (1953/54) 326-341.

134 Godin, Ist Frankreich Missionsland? (wie Anm. 120) 235.

so Godin, sei lediglich Folge, "weil wir diese unsere Aufgabe nicht mit dem nötigen Eifer in den neuen sozialen Einrichtungen unserer modernen Welt erfüllt haben."[135]

3. Schluß

Das Problem der Arbeiterpriester führt uns an den Anfang unserer Überlegungen zurück. Hinter der Frage nach dem Selbstverständnis des Priesters und damit nach seiner Abgrenzung vom Laien stand vor dem Zweiten Vatikanischen Konzil das Problem der Beziehung zwischen der "sakralen" und der "profanen" Welt.

Diese Beziehung hatte sich im Laufe der Geschichte verändert. Die Aufgaben von Klerus und Laien sind nur dann klar voneinander getrennt, wenn man auch "sakral" und "profan" einander gegenüber setzen kann. Für das Offenhalten der Grenzlinie wird hier unter Berufung auf drei Gesichtspunkte plädiert, die schon in den fünfziger Jahren ins Spiel gebracht wurden: Erstens läßt sich in der modernen Welt nicht angeben, wo die Grenze zwischen Gottes- und Weltdienst verläuft. In "Der Laie" zitiert Yves Congar Charles Péguy, um klar zu machen, daß ein Nicht-Engagement in der Welt nicht deswegen schon Gottesdienst ist.[136] Andererseits folgt für ihn aus der "Forderung nach Transzendenz", "sich nicht von der Welt beherrschen zu lassen, in der zu wirken man gerufen ist, um Gott zu dienen aus seinem ganzen Herzen."[137] Zweitens verlangt Jesu Missionsbefehl ein Zugehen der Kirche auf die Welt und zwar derart, daß sie sich in ihr inkulturiert, ohne mit ihr identisch zu werden. In der Sendereihe des Süddeutschen Rundfunks, deren Redebeiträge 1958 unter dem Titel "Kritik an der Kirche" veröffentlicht wurden, erkannte Friedrich Heer als Grund für ein "Christentum ohne Anziehungskraft" die mangelnde Bereitschaft der Christen, sich auf die Welt einzulassen.[138] Drittens fordert die Inkarnation des Sohnes Gottes als

---

[135] Ebd. 236.

[136] "Es genügt nicht, das Zeitliche zu erniedrigen, um sich in die Kategorie des Ewigen zu erheben. Es genügt wirklich nicht, die Natur zu erniedrigen, um sich in die Kategorie der Gnade zu erheben. Es genügt wirklich nicht, die Welt zu erniedrigen, um sich in die Kategorie Gottes zu erheben ... Weil sie nicht die Kraft (und die Gnade) besitzen, in der Natur zu stehen, glauben sie, in der Gnade zu stehen. Weil sie nicht den zeitlichen Mut besitzen, meinen sie, sie hätten begonnen, das Ewige zu durchdringen. Weil sie nicht den Mut haben, der Welt zu gehören, meinen sie, sie gehörten Gott. Weil sie nicht den Mut haben, zu einer der Parteien der Menschen zu gehören, meinen sie, sie gehörten zur Partei Gottes. Weil sie nicht des Menschen sind, glauben sie, Gottes zu sein. Weil sie niemanden lieben, meinen sie, sie liebten Gott", zitiert bei Yves Congar, Der Laie. Entwurf einer Theologie des Laientums, Stuttgart 1956, 710.

[137] Ebd. 710f.

[138] Friedrich Heer, Christentum ohne Anziehungskraft, in: Kritik an der Kirche, hg. Von Hans Jürgen Schultz, Stuttgart – Olten – Freiburg i.Brsg. 1958, 34-51, hier 37: "Der europäische Christ und seine politischen Verbündeten sind nicht Menschen, die, nackt, mit ins Boot springen, sich in der Fahrt zu neuen Ufern mit Haut und Haaren

Mensch eine Durchlässigkeit zwischen Himmel und Erde. Einer der Arbeiterpriester drückte es so aus: "Natürlich muß unser gemeinsames Gebet und unsere Bindung an die Kirche mit der Härte unserer Verpflichtungen und unseres Lebens Schritt halten. Aber man rettet nicht, wenn man nicht wagt, sich zu verlieren. Da wartet die Krankheit, die Entlassung, die Arbeitslosigkeit, die Vertreibung, die Verzweiflung, ja selbst das Risiko des geistlichen Lebens, mit dem alle die fertigwerden müssen, die sich auf einen Gott berufen, der in einer Krippe geboren wurde und an einem Kreuz starb, damit seine Brüder leben können."[139]

---

engagieren, sondern Schwimmlehrer, die, vom Festland, vom vermeintlichen festen Ufer ihrer Theologie und Kirche her den in den Strudeln ihres Aufbruches ‚schwimmen' lernenden Völkern und einzelnen zurufen: Nur guten Mut, lieber Freund! Nur frohen Sinn! Nur wacker zu, mein Lieber...!"

[139] J.P. Dubois-Dumée, Dürfen Priester Arbeiter sein?, in: Frankfurter Hefte 8 (1953) 935-944, hier 942.

Visionen einer Kirche für das 3. Jahrtausend

Neue pastorale Strukturen

Leo Karrer

1. Zur Fragestellung

Das Thema des heutigen Abends ist in vielfacher Hinsicht "reizend". Denn: Zwischen Klerikern und Laien zu unterscheiden oder sie gar zu trennen, hat Kirchengeschichte gemacht und gar vielen hohe menschliche Kosten verursacht. Wir sind davon bis in tiefe unbewusste Anteile unseres Gemüts hinein geprägt. So erinnere ich mich, dass nach einem voreucharistischen Gottesdienst in Solothurn, dem ich damals sozusagen "vorstand", ein Junge auf mich zukam und keck meinte: "Du bist gar kein richtiger". Auf meine Frage, was er damit sagen wolle (obwohl ich schon ahnte, was er meinte), beharrte er: "Du bist kein Pfarrer, nur die sind richtige..." Erstaunt war ich darüber, wie präzise er im Bilde war, denn mein "Defizit" erkannte er daran, dass ich keine Stola trug. Natürlich war leicht zu verstehen, was der Junge auf seine köstliche Art ausdrücken wollte. - Diese Erfahrung wurde für mich zum Hinweis: Verriet sich darin nicht auch die bald jahrtausendealte Erbschaft der Kirche, die zu einer Entfremdung zwischen Klerus und Laien führte, zu einer Scheidung zwischen lehrender und hörender Kirche, wie man dies seit der Barocktheologie auszudrücken pflegte?
So ist zu verstehen, dass dieses Thema mit viel Gefühlseinstellungen, persönlichen Biographien, mit Ängsten und Interessen sowie mit der Spannung zwischen Bewusstseinsprozessen seit dem Konzil und noch vorhandenen vorkonziliaren Strukturen zu tun hat. Trotzdem bitte ich um Ihre wohlwollende Aufmerksamkeit für das Anliegen, das ich leider nur skizzenhaft entwickeln kann.
Wenn im Titel von Visionen die Rede ist, dann sicher nicht in dem Sinn, dass ich über innere Bilder oder Erleuchtungen über die Zukunft verfügte. Ein Prophet bin ich nicht. Aber wenn Vision bedeutet, ausgehend von der Botschaft Jesu inspiriert Chancen und Möglichkeiten für mittel- und langfristige Handlungsperspektiven als Impuls für gegenwärtiges Handeln zu sehen und zu klären, dann möchte ich mit vielen anderen zusammen prophetische Synergien sparen wollen. So notwendig praktischer Sinn und konkrete Schritte sind und bleiben, so unverzichtbar sind Visionen, die den Horizont erweitern und unseren Wegen das Ziel weisen. In diesem Sinn möchte ich unter Berücksichtigung der geschichtlichen und gesellschaftlichen Situation mich der Kriterien unserer Visionen vergewissern, um anschliessend zu fragen, was könnte das für eine künftige Sozialform der Kirche bedeuten, in der Klerus und Laien auch in der Kirche verantwortlich handelnde Subjekte sind.

2. Vom Bollwerk zum Brückenbau

Schon die Kirchengeschichte beweist, dass das Bild der Laien das Befinden der Kirche widerspiegelt.

Sie wissen so gut wie ich, dass die urchristlichen Gemeinden keine Zweiklassengesellschaft von "Klerus" und "Laienschaft" kannten. Denn die Christinnen und Christen und ihre Gemeinden standen in Spannung zur Welt, aus der sie berufen und auserwählt waren, um als Volk Gottes Zeugnis vom Reich Gottes und vom wiederkehrenden Herrn zu geben. Wir wissen auch, dass es nicht so geblieben ist. Es ist nicht übertrieben zu sagen, dass die lange Geschichte der Kirche je länger umso mehr auch eine Geschichte der Laien- und besonders der Frauen-Enteignung geworden ist. Man hatte sozusagen die ideale Interpretation des Christentum für einen Stand in der Kirche usurpiert. Die kirchliche Gegenwart ist davon gezeichnet, diese Enteignung der Laien rückgängig zu machen. Mühsam muss erkämpft werden, was sich Rom im Laufe langer Jahrhunderte ohne Rücksicht auf das Volk Gottes genommen und z.T. auch angemasst hat (z.T. verständlich, wenn man nicht vergessen will, was z.B. im Eigenkirchenwesen jahrhundertelang sein Unwesen trieb).

2.1 Das Bollwerk im organisierten Katholizismus als Aktivierung der Laien

Das starre Klerus-Laien-Schema erlebte indes schon im letzten Jahrhundert eine erste Metamorphose. Als die Kirche unter dem Druck der Aufklärung, der liberalen und durch die Ideale der Französischen Revolution inspirierten Staatsideen und Emanzipationsbewegungen und der zeitweilig recht bedrohlichen Umklammerung durch den absolutistischen Staat versuchte, mit Konkordaten und durch die Aktivierung der Laien gesellschaftlichen Einfluss und kirchliche Freiheit zu sichern, bildete sich der Katholizismus als schützender Schild gegenüber den damals der Kirche feindlich gesonnenen Kräften. Diese Schutzschildfunktion führte vor allem im deutschsprachigen Raum zum sog. Block-Katholizismus bzw. zum politischen, sozialen, kulturellen und religiösen Verbandskatholizismus, der zur Hauptsache von Laien getragen und gestaltet wurde. Dabei ist zu beachten, dass dies nur auf der Basis der damals mühsam errungenen bürgerlichen Freiheiten möglich war: Niederlassungs-, Versammlungs-, Organisations-, Presse-, Gewissens- und Religionsfreiheit etc. Dieser Parteien- und Verbandskatholizismus strukturierte sich nach den damals geltenden demokratischen Rechten.

Allerdings ist dadurch die Spannung "Klerus-Laie" in der Kirche nicht beigelegt worden, weil der sog. Verbands-Katholizismus religiös und kirchlich von seiner Zielvorstellung her unter der Führung des Klerus der rege Träger vielfacher sozialer kultureller Aufgaben in Staat und Gesellschaft blieb. Thesenhaft könnte man diesen Aufbruch folgendermassen zusammenfassen:

- Der Katholizismus hat sich als eine historische Sozialform zwischen Staat/Gesellschaft und Kirche gebildet. Er vereinigt zwei Pole in sich, ohne sich mit einem der Pole jeweils ganz gleichzusetzen.
- Dieser Katholizismus war entscheidend geprägt und getragen von der Laienschaft, wenn auch unter klarer kirchlicher (klerikaler) Führung. Aber die Laien wurden auf der Basis der staatlich vorgegebenen Freiheiten und Rechte für ihre Kirche gesellschaftlich aktiv.
- Die innerkirchliche Trennung von Klerus und Laien wurde durch diesen Katholizismus ideologisch nicht in Frage gestellt.
- Der Katholizismus bildete bis zu einem gewissen Grad ein relativ geschlossenes Milieu und Eigenleben ("Heimat"), in dem die Kirche eine religiöse und moralische Monopolstellung innehatte (Block, Getto, "Schutzschild"), und der Schutz gegenüber der (vermeintlich) feindlichen Welt bedeutete.
- Für die Formierung des Katholizismus waren ausgerechnet jene Ideale und Prinzipien wegweisend und tragend, welche die Kirche ihrerseits offiziell lange und unerbittlich bekämpft (Enzykliken "Mirari vos" von 1832 und "Quanta cura" mit "Syllabus" von 1864). Ist darin nicht Lehrgeld für die Gegenwart und die Zukunft erhalten?

2.2 Das Bollwerk zerbröckelt

Nachdem dieser Katholizismus manche der damaligen Funktionen nicht mehr wahrnehmen musste, weil die Kirche gesellschaftlich arriviert ist und des Schutzschildes nicht mehr bedurfte, veränderte sich nach den fürchterlichen Erschütterungen der beiden Weltkriege und infolge der weltumspannenden Prozess- und Problemberge und der damit einhergehende Traditionsbrüche die Lage der Kirche und die des von Laien getragenen Verbands- und Parteienkatholizismus. Denn: seit den sechziger Jahren unseres Jahrhunderts verloren Religion und Kirche - unter dem Einfluss vieler gesellschaftlicher Faktoren - ihre verbindende sowie verbindliche Konsensfunktion. Die frühere Monopolstellung der Kirche wich einer pluralistischen Konkurrenz-Situation. Dem "institutionalisierten Katholizismus" entglitt die Möglichkeit, die alte Sondergesellschaft, das Bollwerk, aufrechtzuerhalten. Die Kirche findet sich demzufolge in einer völlig veränderten "säkularisierten" Gesellschaft vor.
Ist aber "Säkularisierung" (Verweltlichung) der richtige Begriff dafür? Nach dem Modernisierungsprozess infolge der Industrialisierung im letzten Jahrhundert sprechen Gesellschaftstheoretiker heute von einem zweiten Modernisierungsschub in den letzten Jahrzehnten mit einem starken Trend zur Individualisierung des Lebens. Das Gesellschaftsbild ist von der Differenzierung der Gesellschaft und deren Verästelung in viele Teilsysteme geprägt, aber auch von den Leitbildern der Menschenrechte, der Emanzipation, der Gleichberechtigung und demokratischen Mitsprache sowie vom Freiheitsethos. Dieser Differenzierungsprozess ist wohl dadurch verursacht, dass in

der Wirtschaft und Technik, in den Humanwissenschaften und bei den verschiedenen Dienstleistungen eine hohe Spezialisierung und Professionalisierung erreicht worden ist.
Aus diesen und weiteren Gründen hat sich die nach aussen defensive und nach innen kontrollierende Geschlossenheit des sogenannten "Milieukatholizismus" aufzulösen begonnen. Manche seiner Organisationen oder Ausdrucksformen sind z. T. lautlos verschwunden. Der Block hat dadurch seinen festen Zusammenhalt verloren. Er ist in die Krise geraten.
Folgende auffällige Merkmale sind in Thesenform zusammenzufassen:
- Der historische Katholizismus hat viele frühere Funktionen dadurch verloren, dass er seine damaligen sozialen und politischen Ziele erreicht hat (so fielen z.B. 1973 durch die Volksabstimmung die konfessionellen Ausnahmeartikel) und die Kirche des damaligen Schutzschildes nicht mehr bedarf. Es macht somit keinen Sinn, einer "Erfüllungsdepression" zu verfallen.
- Religion und Kirchen haben ihre bestimmende Monopolstellung und ihre frühere gesellschaftlich verbindliche Einheitsfunktion verloren (Rückgang des kirchlichen Lebens und der Kirchenbindung). Die Kirche ist in der differenzierten Gesellschaft zu einem System bzw. zu einer Organisation neben anderen zur spezialisierten Bearbeitung religiöser und ethischer Fragen und Probleme geworden ("Dienstleistung", "religiöser Service").
- Dem Katholizismus ist die Möglichkeit entglitten, die alte Sondergesellschaft als Teilrückzug gegenüber Staat und Gesellschaft (in ein katholisches Milieu oder Getto) aufrecht zu erhalten. Die moderne Entwicklung hat den Katholizismus eingeholt und ist übrigens auch in die Kirche selbst eingedrungen. Dies zeigt sich bezüglich der Vielfalt der Meinungen, des Willens zur Mitsprache und der emanzipatorischen Bewegung für die Gleichberechtigung und Selbstbestimmung von Mann und Frau usw.
- Die Gesellschaft lässt sich nicht mehr durch einen Teilrückzug in ein kirchliches Sondermilieu heimholen und einbinden. Vielmehr kolonisieren die gesellschaftlichen Entwicklungen auch die Theorie und Praxis der Kirche.- Darum soll man die integralistischen Versuche einer Einheit von Gesellschaft und Kirche nicht als Modell für die Zukunft gesundbeten wollen.
- Die Kirche kann die Menschen nur mehr durch Respektierung der subjektiven Freiheit des Menschen und durch persönliche Motivierung erreichen und bewegen, wohl kaum aber durch die Betonung ihrer Institution und Disziplin und mit der Geltung des früheren Milieus. Der Kirche gegenüber verhalten sich die Menschen ähnlich wie anderen Institutionen gegenüber im Kosten-Nutzen-Denken. Viele wollen zwar zur Kirche gehören, aber wie Kunden oder Klienten, bzw. als Mitglieder einer Dienstleistungs-Organisation.
Von solchen gesellschaftlich bedingten Hintergründen her stellt sich für die Kirche(n) die Frage, wie aus Kunden oder Mitgliedern auch verantwortliche "Anhängerinnen und Anhänger" werden.
Zusammenfassendes Ergebnis:

Die Kirche und mit ihr der Katholizismus sind aus ihrer früheren relativen Monopolstellung in eine konfliktreiche Konkurrenz-Situation geraten. Ihre Konflikte ergeben sich z.T. aus einer neuen Verhältnisbestimmung zur Welt und zur Gesellschaft, sind aber auch Anteile eines tiefgreifenden gesellschaftlichen Umbruchs. Dadurch wird der Kirche umständehalber der Abbruch gewohnter Traditionen zugemutet und die Suche nach neuer Zeitgenossenschaft und nach neuen Formen und Wegen der Solidarität mit den heutigen Menschen aufgegeben.
Offenkundig ist, dass sich unter diesen gesellschaftlichen Bedingungen und Wandlungen in der Kirche sich auch die Rolle der Laien verändert haben.

3. Die Kirche in Spannung zur eigenen Erbschaft

Wenn sich die gesellschaftlichen Verhältnisse ändern, dann ändert sich auch das Verhältnis der Kirche zur Gesellschaft. Auch die Beziehung der Kirche zu ihrer eigenen Vergangenheit wird in Krise geraten.
Diesen Umbruch, der zur Auseinandersetzung mit der eigenen in vielen Jahrhunderten entstandenen Erbschaft führte, markiert bis zu einem gewissen Grad das Zweite Vatikanische Konzil. Ihm darf dieser Umbruch allerdings nicht angelastet werden, wie dies in traditionalistischen Kreisen immer wieder behauptet wird. Aber das Konzil macht den Wandel deutlich:
- Von theologisch entscheidender Aussagekraft ist das Verständnis von Kirche als "Sakrament", das heisst als Zeichen und Werkzeug für die Innigste Vereinigung mit Gott wie für die Einheit der ganzen Menschheit" (Dogmatische Konstitution über die Kirche "Lumen Gentium", 1) und als "Volk Gottes" (9-17). Gegenüber einem Kirchenverständnis, das eher vom Kirchenrecht und vom Klerus her geprägt war, hatte die neue Sprache des Konzils eine dynamisierende Wirkung und Öffnung auf die Gesellschaft hin.
"Volk Gottes" betont die unübertragbare Würde ("Subjektsein") aller Menschen, die auf den Namen Jesu getauft und gefirmt sind. Nach den Worten des Konzils haben die Christinnen und Christen nicht irgend einen Anteil an der Sendung der Kirche durch die Anerkennung der kirchlichen Amtsträger. Vielmehr sind sie "berufen, als lebendige Glieder... alle ihre Kräfte... zum Wachstum und zur ständigen Heiligung der Kirche beizutragen" (33). Deshalb sagt das Konzil: "... alles, was über das Volk Gottes gesagt wurde, richtet sich in gleicher Weise an Laien, Ordensleute und Kleriker" (30).
Diese bewusstseinsbildenden Durchbrüche des Konzils haben sich in den letzten Jahrzehnten zu Spätzündern für die Kirchenordnung, wie Fragen um Amt, Priestertum und Zölibat und Frauenpriestertum sowie um grössere Mitsprache der getauften Frauen und Männer entwickelt.
Alle diese drängend gewordenen Fragen werden zur Zeit nicht einmal ansatzweise einer Lösung zugeführt, ja nicht einmal offen und wohlwollend diskutiert. Trotzdem darf nicht übersehen werden, dass viele Impulse aus der Zeit vor und nach dem Konzil durchgebrochen sind und Wirkungen zeigen, die als erfreuliche Zeichen für die Zukunftskraft der Kirche verstanden wer-

den dürfen. Gedacht ist dabei an die unübersehbare Fülle und Vielfalt der Mitbeteiligung und des Engagements von Frauen und Männern in allen Teilen der Weltkirche und an Brennpunkten sozialer Not: in der Diakonie und Caritas, im individuellen, sozialen und gesellschaftspolitischen Bereich; in katechetischen und religions-pädagogischen Aufgabenfeldern; in der Verkündigung, Theologie, Erwachsenenbildung und Bibelarbeit; in der Medien- und Öffentlichkeitsarbeit; im gottesdienstlichen und sakramentalen Leben der Pfarreien; in Bewegungen, Verbänden und Räten sowie in der kirchlichen Administration. Entscheidende Veränderungen haben stattgefunden: Laien wirken bei Synoden mit, sie tragen in Basisgemeinden, Solidaritätsgruppen und Hilfswerken kirchliche Anliegen mit; die Ökumene hat trotz der Bremsung des ersten Schwunges beachtliche Fortschritte gemacht; ohne das Engagement von Katechetinnen und Katecheten, Jugendseelsorgerinnen und Jugendseelsorgern, Laientheologinnen und Laientheologen in verschiedenen Aufgabenbereichen und im pastoralen Dienst, ohne die Animadores und Katechistinnen und Katechisten in der Dritten Welt sind kirchliches Leben und sozial-pastorales Wirken weitgehend undenkbar geworden. Auf Initiative von Laien oder in Zusammenarbeit mit Laien entstanden weltumspannende Hilfsorganisationen wie Fastenopfer, Misereor, Adveniat usw.

Eigens erwähnt werden muss die Frauenfrage und die feministische Diskussion. Für die einen ist es ein Krisenbegriff, mit dem das erwachte Bewusstsein für die vielfache Benachteiligung der Frau in Gesellschaft und Kirche angesprochen wird. Aber Feminismus ist auch ein Strategiebegriff für Emanzipation und Ausbruch aus aufgedrängten Rollen und Leitbildern. Dadurch wird er zum Programm, Selbstbestimmung und gleiche Rechte und Chancen für Frau und Mann durchzusetzen. Den Frauen ist für ihre geistige Kraft und ihren seelischen Mut zu danken, denn es geht dabei um das unteilbare Ganze des Menschen und um befreiende und heilende Dimensionen des Christseins. Zudem ist nicht zu übersehen, dass am Aufbruch der Frauen auch Männer erwachen können.

Durch diese Bewusstseinsschübe und Entwicklungen haben die "Laien" ihr charismatisches Selbstbewusstsein und ihre positive theologische Ortsbestimmung zurückgewonnen: Christinnen und Christen erfüllen das Zeugnis der Kirche dadurch, dass sie die Lebensabsicht Gottes für die Menschen im persönlichen wie im gesellschaftlichen Bereich geltend machen, und dass sie die weltliche Realität als Ort des Ankommens Gottes gestalten.

Aber nüchtern ist festzustellen, dass dieser bewusstseinsmässigen Entwicklung und dem inzwischen in fast allen Bereichen von "Laien" mitgetragenen kirchlichen Leben noch keine institutionelle Änderung der Kirche gefolgt ist. Dabei ist zu denken an eine grössere Mitverantwortung der engagierten und interessierten Christinnen und Christen, an eine grössere Eigenverantwortung der Ortskirche eines Landes oder eines Bistums, an ein unbefangeneres ökumenisches Zusammengehen usw. Demgegenüber gilt weiterhin das starre

Schema Klerus-Laien. Damit lastet sich die Kirche zusätzliche Spannungen und Konfliktherde auf.
Zusammenfassendes Ergebnis:
Zur Zeit befinden wir uns in der Kirche in einem tiefgreifenden Bewusstseinsprozess, der uns gleichzeitig mit verschiedenen und widersprüchlichen Kirchenbildern konfrontiert. Das bedeutet fast zwangsläufig Konflikt und Streit mit bemühenden Spannungen. Diese Bewusstseinsschübe werden dadurch verschärft, dass in der kirchlichen Organisation weiterhin die strukturellen (klerikalen) Bedingungen aus der Zeit vor dem Konzil herrschen, die in den letzten Jahren (durch den Vatikan) noch eher verstärkt worden sind. Dadurch fällt es der Kirche schwer, ein neues Verhältnis zur eigenen Herkunft (Tradition) und zu ihrer Sendung in der heutigen Zeit zu finden. Dadurch wird leider auch verhindert, dass die Kirche ein verantwortliches Verhältnis zur modernen Kultur und zu gesellschaftlich brisanten Problemen findet.
Vor diesem Konflikthintergrund und angesichts der auch in der Kirche erfolgten Entwicklungen ist nun im weiteren Verlauf der Frage nachzugehen, worauf die Kirche nicht verzichten kann und worauf zu achten ist, wenn Christinnen und Christen eine geschwisterliche Kirche wagen wollen, die sich aus einer geschenkten Hoffnung heraus auf konkrete Solidaritätsschritte einlässt und in den Herzen der Menschen Zeichen der Hoffnung errichten will.

4. Brückenbau zu den Menschen und zur (Post-)Moderne

Angesichts dieser Situation wandeln sich nicht nur die Ziele, sondern noch vielmehr die Wege und Instrumente des pastoralen Handelns. Kurzformelhaft würde ich sagen, dass die früher gängigen und erfolgreichen Formen einer Betreuungspastoral im volkskirchlichen Rahmen nicht mehr spielen können. Das Handeln der Kirche wird einer Art Doppelstrategie zu entsprechen haben und folgende Wege suchen.

4.1 Erreichbar für die einzelnen Menschen

Einerseits werden wir für die einzelnen Menschen erreichbar bleiben müssen, sowohl für ihre aktiven Anhänger als auch für ihre eher nicht aktiven Mitglieder. Diese sind es, die Nähe und Distanz zur Kirche bestimmen. So sind auch höchst seltene Kontakte als gelegentliche Nähe zu gestalten. Dafür ist nicht mehr die Gemeinde alleiniger Anknüpfungspunkt, sondern zunehmend auch para- oder überpfarreiliche Zwischenräume im Spannungsfeld zwischen Kirche und Gesellschaft. Dabei denke ich nicht nur an die therapeutische, soziale oder politische Diakonie mit ihren Institutionen oder Werken, sondern an das, was in der kirchlichen Erwachsenenbildung geschieht, in den Bildungshäusern oder Klöstern, in der Frauenkirche, in basiskirchlichen Gruppierungen, in sozialen Projekten oder in ökumenischen Gruppen oder in der City-Kirche. Es bilden sich ohnehin plurale Formen von religiösen Milieus heraus. Das ist z. T. nur aufzufangen durch parapfarreiliche oder pfarreikomplementäre Seelsorgeformen, die Raum und Klima schaffen für charismatische, politische, traditionalistische, feministische, mystische und weitere Bewegungen und Gruppierungen.

4.2 Kritisch-prophetisch präsent in der Öffentlichkeit

Andererseits muss die Kirche selbstbewusst in die Öffentlichkeit - um des Menschen willen - sich einmischen und kritisch-prophetisch präsent sein. Dieser Brückenschlag zur modernen Welt kann nicht mehr wie zur Zeit des Verbandskatholizismus auf der Basis von Massenorganisationen erfolgen. Es ist nicht mehr möglich, ein katholisches Getto oder Milieu parallel zum gesellschaftlichen Leben aufzubauen und durchzuhalten, das dann für den einzelnen Katholiken oder die einzelne Katholikin buchstäblich von der Wiege bis zur Bahre katholische Dienstleistungen bereithält. Denn dieses volkskirchliche Milieu ist doch zu einem grossen Teil lautlos verschwunden. Vielmehr ist Abschied vom Bollwerk zu nehmen und Brücken sind in die verschiedensten gesellschaftlichen Herausforderungsfelder zu schlagen, indem Christinnen und Christen kompetent (professionell) und differenziert am Ort des Geschehens sich selber einbringen. Dabei ist an den Bereich der Wirtschaft, der Politik, der Industrie, der Bildung, des Freizeitsektors, des Reisens, der Kultur und Kunst zu denken, um nur einiges zu nennen.

4.3 Vernetzung der Synergien

Wenn die Kirche Zukunftskraft entwickeln will, wird sie nicht anders können, als die in ihrer Um-Welt selbstverständlich gewordene Pluralität und Vielschichtigkeit des Lebens auch innerkirchlich zu akzeptieren. Die grösseren Einheiten wie Dekanat oder Diözese sähen sich mit der Aufgabe konfrontiert, solcher Vielfalt eine flexible Vernetzung zu gewährleisten, um Synergie der Kräfte, Ausbildung und Motivationsressourcen zu sichern.

Parallel zur pastoralen Struktur stellt sich die Frage nach einer Kooperation mit Arbeitsgemeinschaften und den Verbänden, die noch ein gesellschaftlich relevantes Thema bearbeiten und Anliegen vertreten. Gerade deshalb ist auch die Vernetzung solcher kontextueller Sachverständigkeit von Christinnen und Christen eine wichtige Frage der Zukunft. Mit kontextuell verankerter Sachverständigkeit meine ich, dass das Engagement von Christinnen und Christen (z.B. im Bereich der Medien) nicht primär durch eine parallele kirchliche Organisation bewerkstelligt werden kann, sondern eher durch ein qualifiziertes und professionelles Engagement in den entsprechenden zivilen gesellschaftlichen Branchen. Wie diese Leute die Anliegen der Kirche und ihre christliche Motivation einbringen, ist die Frage nach deren Verankerung in tragenden Arbeitsgemeinschaften oder Kommissionen oder eventuell in Verbänden. Denn es wird mehr als fraglich, ob die Sozialformen des Katholizismus postmodern noch geeignet sind. Das soll mit der Vernetzung kontextueller Sachverständigkeit angedeutet werden.

In Kurzform: Statt Parallelisierung und z.T. funktionale und organisatorische Verdoppelung ist sachkompetente Leistung in den verschiedenen gesellschaftlichen Aufgabenfeldern und Kontexten verlangt. Statt Rückzug ins Sonder-Milieu ist solidarische Integration im kritisch-prophetischen Sinn gemeint. Statt Argwohn oder gar Distanz zur Welt sind Öffnung und soziales Gewissen gefordert. Das bedeutet Räumung von Bastionen und Freiwerden für Neues auf vielleicht neuen und ungewohnten Wegen. Im Grunde genommen geht es um den Abschied vom Bollwerk zum Brückenbau, vom System zum Brückenschlag.
Doch damit ist erst die Ausgangssituation unserer Fragestellung markiert. Immerhin redet die Realität ein entscheidendes Wort mit, wenn es um die Realisierung von Visionen geht. Aber welches ist die Vision? Und welches sind die Optionen, die ich definiere als die Verbindung des Wünschenswerten mit dem Machbaren?

5. Einheit von Menschen und Gottesliebe

Um welche Kirche geht es aber? In einer Zeit, in der viele Menschen innerhalb und ausserhalb mit der Kirche Mühe haben und die Kirche viel Mühe mit den Menschen bekundet, ist es unverzichtbar, theologisch nach Kirche zu fragen, um nicht ihrem Erscheinungsbild resignativ oder aggressiv auf den Leim zu gehen. Entscheidend bleibt eine Kirche, die ihre sakramentale Energie Jesus Christus verdankt und in der Treue zu ihm bzw. in seinem Geiste die Einheit von Gottesliebe und Menschenliebe sucht und wagt sowie die Gottesfrage in die Menschenfragen sät bzw. die Menschenfragen in die Gottesfrage.

5.1 Glaube und Liebe (Orthodoxie und Orthopraxie)

Wie ist nun aber das Verhältnis zwischen Glaube und Liebe? Hat etwa der Glaube Vorrang? Gibt es nur Orthopraxie, wenn die Orthodoxie gesichert und beglaubigt ist? Ist demgegenüber die Liebe nicht der "Test" für den Glauben? Wenn es im 1. Johannesbrief heisst: "Gott ist Liebe" (1 Joh 4,8), dann bedeutet dies, dass wir in der Nachfolge Jesu nicht zuerst dadurch, dass wir Gott "bekennen", gleichsam in Gott sind, sondern wenn wir die Liebe tun. Entscheidend bleiben somit die konkreten, wenn auch oft sehr mühsamen Schritte der Solidarität, der Verständigung, der Friedensarbeit, der achtsamen Sorge für sich und andere... Darin erfüllt sich christliche Identität. "Wer nicht liebt, hat Gott nicht erkannt" (1 Joh 4,8) und: "Wie kann die Liebe Gottes in dem bleiben, der Vermögen hat und sein Herz vor dem Bruder verschliesst, den er in Not sieht?" (1 Joh 3,17). Primär ist somit die Liebe, die allerdings vom christlichen Glauben her über ihre Tiefe und letzte Erfüllung "aufgeklärt" wird und Motivierung erfährt. Liebe, Solidarität und Versöhnungsbereitschaft sind letztlich nicht Konsequenz aus dem Glauben, sondern konstitutive Dimensionen des Glaubens.

Dies ist deutlich zu sagen und für das Anliegen ist Zeugnis abzulegen, auch wenn man selber ihm gegenüber vieles schuldigt bleibt.
Wer Jesus als Christus bekennt und sich ihm anschliesst, tritt in eine Hoffnungsbewegung mit anderen ein, die die Steine der Resignation und Hoffnungslosigkeit von den Gräbern unserer erstorbenen Erwartungen, der vermissten Lebensbedingungen und der verlorenen Visionen wegwälzt und konkrete Hoffnungsschritte wagt.
Es geht somit um lebendiges Christsein im konkreten Alltag des persönlichen und gesellschaftlichen Lebens, wo die Hoffnung geerdet sein will.
Offenheit für den Gott des Lebens und für die Menschen und ihre Welt bzw. Solidarität mit Menschen in Not ist zum visionären Merkmal für die Kirche geworden. Das Wort von der diakonischen Kirche markiert diesen "Paradigmenwechsel" im Verständnis von Kirche. Kirche kann sich und ihre Aufgabe nur unter den Lebensbedingungen der Menschen und der Gesellschaft wahrnehmen. Ihr bleibt - trotz ihrer zur Zeit denkbar schlechten Presse und trotz ihrer Selbstverwundungen - kein anderer Weg als der der "Karriere nach unten" (H. Schürmann).
Aus der Beziehung zum Gott Jesu bzw. zu Jesus Christus wird das konkrete Leben von Christinnen und Christen zum sakramentalen Zeichen der Hoffnung und des Heils. Die ins konkrete Leben geerdete Hoffnung im Vertrauen auf das Wort und den Weg Jesu ist das, was den Kern der Kirche als pilgerndes Volk des Gottes Jesu ausmacht. Sakramental für diese Heilshoffnung ist Kirche insofern, als sie geschieht und sich ereignet; sie ist dort, wo Menschen aus dem Glauben an Jesus Christus ein Verhältnis zu sich selber, zur Mitwelt und Umwelt und darin zum Gott Jesu suchen und wagen und erleiden.

5.2 Optionen für eine Kirche als Heils-Mysterium (Communio)

Aus dem bisher Gesagten ergeben sich folgende Optionen, die die theologische Vision mit der konkreten Handlungsebene verbinden:
- Das ganze Volk Gottes ist Zeichen des ankommenden Heils und verantwortlich für die Sendung der Kirche. Niemand ist als unberufen auszuschliessen; denn von Gott her sind alle berufen und "beansprucht", Subjekt christlichen Handelns zu werden.
- Das Volk Gottes wird aus seiner mystischen Tiefe bzw. aus der Quelle des gottesdienstlichen Feierns und Dankens seine sakramentale Ursprungsenergie schöpfen.
- Das Volk Gottes wird nur im Wagnis der Solidarität mit den Menschen in Not und Armut glaubwürdige Gemeinschaft: Insofern ist die Kirche kein beliebiger Verein, sondern eine diakonische Gemeinschaft, in der Menschen Verbindlichkeiten eingehen.
- Frauen und Männer in der Kirche können nicht einfachhin ein System von Glaubenssätzen weitertradieren (Katechismus); vielmehr werden sie - der Freiheit und dem Vermögen der Menschen Rechnung tragend - personalen

Glauben als Antwort auf die Existenzfragen der Menschen und zur Gestaltung des gesellschaftlichen Lebens wagen müssen.
- Die Kirche ist bemüht, alle Formen der Diskriminierung zu überwinden und sich als Gemeinschaft von Frauen und Männern und von Jüngeren und Älteren zu verwirklichen.
- Die Kirche wird zu einer Stätte, wo der ganze Reichtum der auseinandergebrochenen christlichen Tradition in partnerschaftlicher Ökumene einzubringen versucht wird.
- Die Kirche will sich nicht als ein sich selbst erwärmender Ofen genügen, sondern erkühnt sich zu einer um die Gesellschaft und um den Einzelmenschen sowie um die Welt als Schöpfung Gottes engagierten Praxis.

5.3 Optionen für eine diakonische Kirche

Für eine praktische Kirchentheorie sind aber auch die Orte zu benennen, wo Optionen zu treffen und zu verantworten sind. Es ist danach zu fragen, ob und wie sich die Christen und Christinnen als charismatisch Erstverantwortliche mit den amtlich Zweit-Verantwortlichen dort engagieren, wo immer es gilt, menschliche Solidarität und gesellschaftliche Probleme als "Dienstanweisungen" Gottes wahrzunehmen und solidarisch aufzugreifen. Dort sind die Orte konkreter Liebe bzw. Diakonie zu suchen und zu finden.
- Zu denken ist dabei an die politische Diakonie, die auf die Armut an elementaren Lebensbedingungen eine Antwort sucht. Es sei erinnert an die Ursachen für Hunger, Ungerechtigkeit, Sexismus und ideologische Abwertung von Menschengruppen (Rassismus) sowie das Eintreten für eine gerechte Wirtschaftsordnung.
- Im engsten Verbund damit stehen die Sorgen um die Zukunft angesichts der Gewalt gegenüber der Natur sowie zwischen Menschen, verschiedenen Rassen und Nationen. Ausdruck solcher Friedensdiakonie ist m.E. der konziliare Prozess für Gerechtigkeit, Frieden und Bewahrung der Schöpfung, dem man neuen Schwung und langen Atem wünschte.
- In diesem Spektrum sind auch ethisch und strukturell wichtige Weichen zu stellen, wenn immer in der praktischen Politik nach den tragenden Werten und nach kultureller Gestaltung des Lebens (Gentechnologie, Strafrecht, Ehe und Familie...) oder lokal, regional und global neue Solidaritätsstrukturen das gesellschaftliche Miteinander gestalten sollen. Dies verbinde ich mit ethischer und kultureller Diakonie.
- Des weiteren sind die eher individuellen Notlagen und Aufgabenstellungen nicht zu übersehen. Die therapeutische Diakonie lässt sich auf die oft namenlose Not der seelischen, geistigen und körperlichen Behinderungen ein.
- Die soziale Diakonie engagiert sich angesichts der Armut an Mit-Welt und an zwischenmenschlichen Beziehungen und bemüht sich um Solidarität mit isolierten, vereinsamten, vergrämten oder müdegewordenen Menschen.
- In all diese Bereiche verwoben sind die Verlegenheit und die z.T. tabuisierten Fragen um Lebenssinn und Lebensperspektiven, die an ihrer Wurzel

religiöse Dimensionen offenlegen und oft eine Armut an Lebenszuversicht und Hoffnung an den Tag bringen. Angesichts der Sinnkrise und Glückssuche der heutigen Menschen (Ganzheitlichkeits-Sehnsucht) scheinen viele um Antworten verlegen und suchen sie oft nicht bei den Kirchen. Wenn Lebensperspektiven zerbrechen und Lebensfreude in Verdruss oder Ekel umkippt, versteht sich religiöse Diakonie als Antwortversuch auf die Sehnsucht nach "Leben in Fülle" (Jo 10,10).

5.4 Mut zum Wagnis

In all diesen Herausforderungsfeldern ist praktischer Christenmut gefragt. Sie spiegeln das Panorama wider, vor dem Christinnen und Christen gefordert und gerufen sind, wo Kirche Gottesdienst und Menschendienst als die zwei Seiten der einen und unteilbaren Sendung zu wagen hat. Man kann es gar nicht ernsthaft genug bedenken: Die konkrete Liebe ist nicht erst eine Konsequenz aus dem Glauben, als ob Liebe (nach oder hinter) dem Glauben nachhinke, sondern ist Vollzug des christlichen Glaubens. Die Aufgabe der sog. Laien sehe ich darin, die Realität in ihrer ganzen Disparatheit, mit ihren Brüchigkeiten und Wachstumschancen bis ins letzte Detail einzubringen. Christentum muss doch letztlich gerade aus der inkarnatorischen Inspiration heraus letztlich wirklichkeitssüchtig sein, im Humus ("Dreck"!) des konkreten Lebens daheim. In diesem Sinn materialisieren die Laien diese disparate und vielfältige Wirklichkeit in der Kirche - gegen alle weltflüchtigen Rückzüge in spiritualisierende Nischen. Kirche ist somit insofern real existierendes Christentum, als sie dienende, versöhnende und solidarisierende Kirche ist. Diakonie als Vollzug von Liebe und Solidarität ist theologisch und praktisch der Grundakkord der christlichen Dimension von Kirche.

6. Utopie einer synodalen Kirche

Auf dem letzten Konzil hat der Laie durch dessen ekklesiologische Verankerung den theologischen Ort seiner positiven Bestimmung zurückgewonnen. Dies ist aber nur auf dem Rücken dessen zu verstehen, was alles an Engagement von Laien in der Kirche gewachsen ist, worauf schon hingewiesen worden ist.

6.1 Zur Problem -Stellung

Diese erfreuliche üppige Vielfalt und die veränderte Bewusstseinslage verlangen aber nach einer ihnen entsprechend dienstbaren Kirchenordnung und nach einer neuen Rollenbestimmung des kirchlichen Amtes, denn das Schema "Klerus-Laie" kann nicht mehr wie ehedem spielen. Die kirchlichen Entwicklungen der letzten Jahrzehnte zeigen allerdings auch mit Deutlichkeit, dass dieser Wandel zu einer schweren Prüfung der Kirche geworden ist. Ob es um die theologischen Grundlagen (Weltdienst-Heilsdienst: hier ist auch das Zweite Vatikanische Konzil schillernd), um die Spiritualität der Laien, um das Verhältnis der Kirche zur Welt, um die Amtsfrage und Amtsbedingungen, um die Analysen der geschichtlichen und kirchlichen Wirklichkeit geht, hintergründig ist eine heimliche Zwiespältigkeit (Dualismus) am Werk: offensiv schickt man die Laien in die Welt (Missio); aber defensiv grenzt man sich im innerkirchlichen Raum (Communio) von ihnen ab. Strukturell ist der Laie damit ein geteiltes Subjekt: in der Gesellschaft aktiver Erwachsener, in der Kirche passives Kind.

Dass in unseren Breitengraden vielen Frauen und Männern diese kirchliche Schizophrenie nicht mehr einleuchtet, ist nicht zuletzt am wachsenden Protest der Basis gegen die bistumzerstörerischen Bischofsernennungen und an den Kirchenvolksbegehren in den deutschsprachigen Ländern für jene deutlich geworden, die sehen und verstehen wollen. Die Diskrepanz zwischen diesem erwachten Bewusstsein und dem Mangel an den diesem Bewusstsein entsprechenden geeigneten Formen der Partizipation hat sich m. E. in den Kirchenvolksbegehren ein Signal gesetzt. Eigentlich müsste die von unten ausgelöste Bewegung in Bischofsbegehren nach Rom weiterwachsen. Das Volk Gottes hat kirchlich seine Zurechnungsfähigkeit bekundet, weil der sensus fidelium wieder erwacht und sich Ausdruck verschafft hat. Die Kirchenvolksbegehren sind m.E.. ein Megaphon für ein verändertes bzw. erwachsendes Bewusstsein der Laien, aber ebenso auch ein Ventil für vorenthaltene Mitsprache. Auf alle Fälle meldet sich hier eine Entwicklung an, dass die normative und ethische Definitionsgewalt in der Kirche nicht mehr nur auf die Hierarchie und ihre theologischen Experten und Expertinnen beschränkt bleibt, sondern dass auch der erwachte Glaubenssinn der gläubigen Frauen und Männer und deren Erfahrungen kommunikativer Mitspracheformen und -garantien bedürfen.

Die vermehrte Laienaktivität ist gerade durch den Katholizismus auf breiter Basis verbreitet worden, denn dort waren und sind Laien - in demokratischen - Strukturen tragend und entscheidend. Darin dürfte auch der Unterschied der Laien-Tradition in den deutschsprachigen Ländern im Vergleich zu anderen Teilen der Weltkirche bestehen. Das System des Katholizismus war in diesem Sinn "autonomer" als das in den romanischen Ländern geförderte Modell der Katholischen Aktion.

Alle Versuche, die den Laien durch eine zweitrangige binnenkirchliche Ortszuweisung bzw. durch eine ab- und ausgrenzende Verhältnisbestimmung zum Klerus ableiten und deuten wollen, führen zu Scheingefechten. Die Frage nach Charismen, Ämtern und Kirchenordnungen stellen sich auf der kirchlichen Ebene, sind also praktischer Art und beziehen sich auf die empirische Seite der Kirche ("Aussenseite" der Kirche). Die Frage nach der Kirchenmitgliedschaft stellt sich auf der pneumatisch-fundamentalen Ebene, also auf der Ebene des Christseins ("Innenseite" der Kirche). Auf dieser entscheidenden Ebene, die Frauen und Männer, "Kleriker" und "Laien" zu einem Volk Gottes eint, verläuft die Unterscheidungslinie zwischen Glaubenden und Nicht-Glaubenden (zwischen Christen und Welt wie in der Urkirche).

Es stellt sich abschliessend die Frage nach einer partizipatorischen Kirchenordnung, die eine nur demokratische wie auch nur hierarchische Struktur in einer synodal verfassten Kirche überwindet.
Wie könnte dem Mangel an partizipatorischen Gefässen der Mitarbeit und Mitverantwortung der engagierten und interessierten Frauen und Männer langfristig abgeholfen worden? Ein gewandeltes Bewusstsein und ein neues Selbstverständnis des sog. Kirchenvolkes bedürfen angemessener Strukturen. Es stellt sich die Frage nicht nur nach dem theologischen und pastoralen Ort, sondern auch nach dem institutionellen Ort der getauften und gefirmten Frauen und Männer, nicht nur der geweihten Männer. Dieses Anliegen, das sich nicht nur daran orientiert, was die sog. Laien tun dürfen, sondern wer sie in der institutionellen bzw. empirischen Kirche sind, wäre in einer synodalen Kirche besser aufgehoben. Worum geht es bei der Vision einer synodalen Kirche, in der die "Laien" mit den Seelsorgern und -sorgerinnen sowie mit den kirchlichen Amtsträgern zusammen die vielfältigen Aufgaben der Kirche (Missio) und die Verantwortung für die Kirche als Glaubensgemeinschaft (Communio) gemeinsam wahrnehmen?

6.2 Option für eine synodale Kirche: "Wir sind das Volk Gottes" (Erinnerung an die Zukunft)

Seit dem Zweiten Vatikanischen Konzil haben wir kirchenintern mit bisher einmaligen Synoden in den verschiedenen Ländern Erfahrung machen können. Es sei erinnert an die Würzburger Synode in der BRD, die Synode 72 in der Schweiz oder an Diözesansynoden (Rottenburg-Stuttgart, Hildesheim, Augsburg...). Bekannter aber sind die in regelmässigen zeitlichen Abständen vom Papst einberufenen Bischofssynoden. Diese Synoden sind ohne Zweifel Gesprächs-Chancen. Aber mit diesen nur beratenden Synoden ist das synodale Anliegen noch nicht eingelöst.
Solche Synoden-Modelle, so gut wie sie als Gesprächsorte waren, beinhalten aber keine Partizipation, die diesen Namen verdient, und ebenso wenig das Subsidiaritätsprinzip, der in der katholischen Soziallehre vehement verfochtene Grundsatz, wonach die Initiative und Eigenkräfte des einzelnen Menschen zu fördern sind und wonach die kleineren "Lebenseinheiten" nicht zugunsten der grösseren aufgelöst werden dürfen. Strukturtheoretisch heisst dies, dass "oben" nicht gelöst werden muss, was "unten" besser gelöst werden kann. Überdies wird eine zentralistisch übersteuerte Kirche dem Gedanken der Kirche als Leib Christi und als Volk Gottes und der kirchlichen Gemeinschaftsform, wie sie in den ersten christlichen Jahrhunderten selbstverständlich war, nicht gerecht. Dem könnte eine synodal strukturierte Kirche eher entsprechen. - Beim synodalen Kirchen-Modell handelt es sich um eine gegenseitige Verschränkung und Bindung der charismatischen und lebendigen Vielfalt (Basis!) mit den unverzichtbaren Diensten der Einheit auf allen kirchlichen Ebenen (hierarchische Dienste: Pfarrer, Bischof, Papst).

Die synodalen Formen einer ("zukünftigen") Kirchenordnung hätten demnach zwei unverzichtbaren Kriterien zu entsprechen: der Einheit (Communio) im Glauben an Jesus Christus und in den sakramentalen Ausdrucksformen einerseits und der konkreten Einbindung dieser wesentlichen Einheit in die Organisationsformen echter und repräsentativer Mitverantwortung der getauften und gefirmten Kirchenmitglieder auf lokaler, regionaler und gesamtkirchlicher Ebene andererseits.

Dabei geht es um die in den unterschiedlichen Bereichen und auf den verschiedenen Ebenen der Kirche auszuprobierenden synodalen Strukturen der Mitverantwortung, deren Zweipoligkeit einer doppelten Repräsentanz oder "Stimme" entspräche: jener der Einheit und jener der Vielfalt. Praktisch würde das heissen, die Kirche als gegliederte Gemeinschaft oder Organisation so zu gestalten, dass die Verantwortung der "Basis" und die Verpflichtung der Dienstträger/-innen in der Kirche gegenseitig aufeinander bezogen und bei Entscheidungen aneinander gebunden wären. Es sind somit polare Gemeindemodelle, diözesane und weltkirchliche Strukturen gemeint, in denen z.B. der Pfarrer bzw. der Bischof und die Pfarrei bzw. die Diözese in ihrer jeweiligen unübertragbaren Eigenständigkeit aufeinander verwiesen und miteinander verknüpft sind.

In der Kirche sollten tendenziell keine Entscheidungsvorgänge bevorzugt werden, die gleichsam Sieger und Besiegte, Täter und Opfer schaffen. Im Gegenteil, die Institutionalisierung von Dialog und Gesprächsinstrumenten (im Sinne konziliarer bzw. synodaler Strukturen) schaffte Raum dafür, dass Erfahrungen, Fragen und Kritik gegenseitig zum Schlüssel würden. Warum, ist zu fragen, sollen nicht kirchliche Organisationsformen in Erfahrung gebracht und - regional unterschiedlich - sozusagen experimentiert werden dürfen, in denen weder gegen den Willen einer Gemeinde noch gegen den Willen und die Verantwortung des Pfarrers bzw. des Bischofs Sach- und Personalentscheidungen getroffen werden, die eine möglichst einvernehmliche, wenn auch nicht konfliktfreie Lösung nahelegen. Warum soll es rechtens sein, dass vom Vatikan gegen den Willen der Mehrheit eines Bistums ein Bischof aufgezwungen wird? - Ist das übrigens nicht auch ein Verstoss gegen die kirchliche Tradition? Mitsprache von Klerus und Volk bei Bischofswahlen waren in den ersten christlichen Jahrhunderten noch selbstverständlich. In diesem Sinn dürften wir heute ohne Hemmung Traditionalisten sein. Denn die "guten" Traditionalisten sind nicht jene, die mutwillig im letzten Jahrhundert oder im 16. Jahrhundert stoppen, sondern jene, die den ganzen Schatz der kirchlichen Tradition bis zu ihren Ursprüngen und biblischen Quellen zurückverfolgen und ernstzunehmen gewillt sind. - Im Alltag des kirchlichen Lebens stehen doch zumeist viele Sachfragen, Personalprobleme, pastorale Prioritäten, situationsbezogene Entscheidungen, gesellschaftspolitische und soziale Beschlüsse sowie administrative und verwaltungstechnische Fragen an, die vom Sachverstand abhängig sind. Dafür braucht es entsprechende Kommunikations- und Informationsstrukturen, die zentral gar nicht sinnvoll zu steuern sind und ohne die es zu katastrophalen Ergebnissen kommt, wie die derzeitige Praxis der Bischofsernennungen zu Hauf beweist.

6.3 Synodal oder demokratisch...?

Die Frage, die in unserem Zusammenhang viel differenzierter bedacht werden müsste, geht dahin, ob mit synodaler Kirchenordnung nicht doch eine demokratische Kirchenverfassung gemeint sei. (Vgl. E. Leuninger, Wir sind das Volk Gottes, Frankfurt 1992; L. Karrer, Wir sind wirklich das Volk Gottes. Auf dem Weg zu einer geschwisterlichen Kirche, Fribourg 1994; ders., Aufbruch der Christen. Das Ende der klerikalen Kirche, München 1989.)

Wie eben angesprochen, geht es im kirchlichen Alltag in der Regel um meist recht praktische Abstimmungen und um Wahlen, also Personalentscheidungen. In diesem Sinn gibt es kein Argument gegen eine durchgehende Demokratisierung der Kirche. Man kann auch gar nicht grundsätzlich dagegen sein, weil ja sonst die Papstwahl auch nicht legitim wäre. Zudem hat schon Papst Cölestin I. (422-432) den bedeutungsvollen Grundsatz vertreten: "Man soll keinen Bischof gegen den Willen des Volkes einsetzen"; bekannt ist auch das Wort von Leo d.Gr. (440-461): "Der allen vorstehen wird, soll von allen gewählt werden". - Andererseits wird das Modell der Demokratie mit der absoluten Volkssouveränität (Alle Macht stammt aus dem Volk) dem Verständnis von Kirche auch nicht gerecht, denn die Kirche ist Volk des Gottes Jesu und als solche eine Gemeinschaft, die von einer Wahrheit lebt, um die sie sich stets neu bemüht und in sie vertieft, aber die sie nicht endgültig besitzt. Sie lebt letztlich von einer geschenkten Hoffnung, die sie nicht selber machen und aus eigener Gnade herbeiprozessieren kann. Damit ist die Grundlage aller Communio von Christen und Christinnen das Evangelium vom Heil in und durch Jesus Christus und das Vertrauen in seine konkrete Gegenwart im Geiste. Kirche verdankt sich somit nicht nur menschlicher Initiative, sondern einer Hoffnung, die sich auf Jesus Christus beruft. Diese "Doppeldimension", wenn man so sagen will, wird übrigens auch im Schreiben des Apostelkonzils an die Gemeinde von Antiochia deutlich: "Denn der heilige Geist und wir haben beschlossen..." (Apg 15,28). Dieser Doppelstruktur werden der Begriff und das Anliegen einer synodalen Kirche eher gerecht. Zudem entspricht eine synodal differenzierte Kirche theologisch dem trinitarischen (dialogischen) Gottesbild, dem Bild von Kirche als einer geschwisterlichen Gemeinschaft, die sich auf Jesus Christus beruft und in seinem Geiste zu leben versucht.

Damit keine Missverständnisse unnötige Polemik auslösen: mit synodaler Kirchenordnung ist weiss Gott keine Kirche ohne Papst, ohne Bischöfe und ohne Pfarrer gemeint, wohl aber nichts weniger als die Überwindung einer institutionell-empirischen Kirche (anders ist Kirche nicht erhältlich), in der die Wahrheitssuche und die kirchlichen Entscheidungen ohne Volk Gottes

(Sensus fidelium) bzw. ohne die sog. Laien erfolgen. Das Problem stellen nicht die hierarchischen Dienste dar, sondern die Hierarchie als System einer geschichtlich gewordenen Sozialform oder institutionellen Ordnung der Kirche.- Wenn die "Laien" zutiefst als Christen zu definieren sind und wenn getaufte Frauen und Männer mit den kirchlichen "Amtsträgern" zusammen Kirche sind, dann stellt sich auch empirisch und institutionell und nicht nur spirituell die beunruhigende Frage gleicher charismatischer "Bürger-Pflichten" in der Kirche. Es geht um echte Mitverantwortung, die über die ersten Ansätze "kompetenzloser" Räte und über den institutionellen Status der Laien als "unmündige Kinder" hinausgeht. Das ist mit dem Anliegen einer synodalen Kirchenordnung gemeint.
Natürlich werden damit "heisse Eisen" berührt wie z.B. Gleichberechtigung, Mitentscheidung und Lehramt, Ausschluss verheirateter Männer (ausser Diakonat) und der Frauen vom kirchlichen Amt, Zölibat, Gemeindemodelle... Heiss werden aber diese Eisen, weil sie in der Kirche nicht im offenen Gespräch und im fairen Streit gekühlt werden. - Innerkirchliche Schrebergärten oder im Einzelfall gönnerhaft zugewiesene Reservate für Laien sind bei den kirchlich engagierten Frauen und Männern bewusstseinsmässig überholt und nicht gefragt. Einer Lösung harrt allerdings die institutionelle Seite des Problems. Dafür bedürfte es regional unterschiedlicher Erfahrungen und Modelle.

7. Mut zur charismatischen Dreistigkeit und zum Langstreckenlauf...

Die kirchliche Lage in unseren Ländern ist sehr zwiespältig; die Stimmung - z. T. gerade beim kirchlichen Personal - ist über weite Strecken sehr gedrückt und miss-mutig. Ich erlebe bei manchen, wie Kirche krankmachend wirkt. Die Kirche verfügt zwar über eine grosse "passive" Mitgliedschaft; mindestens symbolisch zählt man sich zur Kirche (was pastoral nicht zu unterschätzen ist). Aber die Zeichen deuten klar darauf hin, dass die Kirche gesamtgesellschaftlich noch stärker in eine Diasporasituation gerät; und gegen den Zeitgeist haben es der Hl. Geist und gegen den Konsum die Hoffnung schwer. So fragen manche bekümmert, wo sind die Propheten und Prophetinnen geblieben, die kritisch protestierend die Probleme beim Namen nennen, die aber auch aus einer - man "erlaube" den Ausdruck - religiösen Tiefe und Glut heraus prophetische Kritik und wirklichkeitsbewusste Hoffnung mit praktischen Handlungszielen verbinden und praktischen Christenmut stärken oder wecken. Sind wir nicht in Gefahr - auch an manchen Orten der Kirche - einer Ethik ohne Hoffnung zu erliegen, die in moralisierenden Appellen oder Sozialkitsch verkommt, den Humor verliert und keine Freude kennt und das Trostlosigkeitsgefühl eher verstärkt? - Aber: Sehnsucht nach Hoffnung ist reichlich vorhanden, wenn auch mehr indirekt wahrgenommen und verschlüsselt geäussert. Und es wäre verheerend, vor lauter Sorge um binnenkirchliche Probleme die Menschen und ihre Welt aus den Augen zu verlieren. Dort ist der Weinberg Gottes.

Umso schmerzlicher berührt und zorniger müssen Christen und Christinnen darüber sein und protestieren, dass die institutionelle Kirche ein solches Bild bietet, dass sie in Teilen durchaus an die Situation des "Letzten Kaisers von China" erinnert. Es droht die Gefahr, dass wir uns innerkirchlich aufreiben, im Streit um die kirchlichen Ziele und die Wege der Zielverwirklichung alle Kraft verschleudern und uns aneinander aufreiben. Dies sehe ich nicht nur bei den sog. fundamentalistischen oder traditionalistischen Kreisen, die ja z.T. "gewalttätig" und denkfaul reagieren, sondern auch bei sich progressiv einschätzenden Kräften, wenn sie intolerant nur die eigene Position und Gruppeninteressen verfolgen und auf ihre Weise aufrüsten.
Wir leben zur Zeit in einer depressiven Kirchenstimmung , die auch (!) damit zusammenhängt, dass viele unserer vom Konzil und vom Synodengeschehen genährten Kirchenträume und subjektiven kirchlichen Naherwartungen sich verzögern. Wenn sich die Zeit so hinzieht, genügen die Techniken und die Nahziel-Optik von Kurzstreckenläufern nicht mehr. Wir haben uns, wenn wir uns nicht "fundamentalistisch" oder "zynisch" zurückziehen, auf einen Langstreckenlauf einzurichten, auf einen langen Weg, der zwar um seine Optionen weiss, aber sich auf die vielen kleineren oder grösseren Schritte zu diesen Optionen einlässt.
Wenn Kirche in ihrer ganzen christlichen Dimension Weg, Einladung, Mitgehen, Ermutigung, aber auch Ort der Traurigkeit und der Freude, Ort des Klagens und des tröstenden Zuspruchs, Ort der Angst und des offensiven Handelns in die Welt hinein sein darf und soll, schafft das einladendes Klima und hat Konsequenzen. - Man darf dann auch in den Gemeinden und unter den Profis "dumme" Fragen stellen ohne Angst, ausgegrinst oder milde belächelt zu werden. Man darf Fehler machen, weil man ein mutiges Wagnis eingegangen ist; man muss nicht nur gescheit sein, sondern Mensch mit vollem Gemüt und offen für Humor. Dann könnte der Weg breit genug werden für die Bewegung für Freiheit und Frieden in Gerechtigkeit und Bewahrung der Schöpfung, für die Jugendlichen und Kinder, für Fremde und Mühselige; für eine Ökumene, die nicht nur punktuelle Partisanentätigkeit von einzelnen Gemeinden oder Seelsorgern bleiben darf; für die dispensierten Priester; die geschiedenen Wiederverheirateten; die Gleichberechtigung von Mann und Frau; für die Partizipation aller an der Gemeinde Interessierten. Die Chance der Kirche liegt nur darin, nicht sich selbst zur Hauptsorge zu werden, sondern die Sorgen der Menschen zu ihrer Hauptsorge zu machen.
Praktischer Christenmut geht bis an den Rand der Möglichkeiten der ethischen Verantwortung; er lebt aber aus einer Hoffnung, die zwar ethische Konsequenzen gelegen oder ungelegen anmahnt, aber nicht auf Ethik zu reduzieren ist; denn christliche Existenz lebt zu tiefst aus einer Hoffnung, die sich angesichts der Botschaft Jesu als nicht selbstgemachte (aus "eigenen Gnaden"), sondern als verdankte Existenz verstehen darf. Dieser lebendigen Hoffnung allein dient Kirche und letztlich unser Bemühen (oder?).

Aus all diesen Überlegungen heraus scheint unerlässlich, dass wir aus unseren laikalen und klerikalen oder kirchlichen Minderwertigkeitsgefühlen oder Überheblichkeiten, aus lähmenden Stimmungen und Mutlosigkeiten aufbrechen und mit charismatischem Selbstbewusstsein und mit christlicher Dreistigkeit uns selber ins Spiel bringen und uns selber aufs Spiel setzen. Nur über diesen konkreten Weg kann das wachsen, sich ankündigen und in vielen Ansätzen lautlos werden, wofür letztlich (fast) alle plädieren: nämlich eine durch uns und mit uns und aber auch für uns lebendige und menschenfreundliche Kirche, die die Gottesfrage und die Menschenfrage leidenschaftlich wagt und als die zwei Seiten der einen Medaille versteht. Praktischer Christenmut bedeutet eben, die christliche Dimension von Kirche mit anderen zusammen zum eigenen Anliegen werden zu lassen - in und an den Herausforderungen des Lebens und der gesellschaftlichen Brennpunkte. Dabei wird in der aktuellen Kirchenstunde von spiritueller Bedeutung sein, selber zu gehen oder selber zu gehen versuchen, wohl selber gehen, aber nicht alleine.

Dass dies in der Kirche und durch die Kirche trotz Kirche und trotz uns immer wieder geschieht und sich schenkt, macht m.E. die konkrete Kirche auch so "liebenswürdig" und unentbehrlich. Wie viele Menschen durfte ich im Raum der Kirche kennenlernen, die zu kennen ich nur dankbar sein kann. Das macht den Charme der Kirche aus! Auch hier gilt: Christen und Christinnen stellen sich ihrer eigenen, der gesellschaftlichen und kirchlichen Wirklichkeit: sie gehen nicht in ihr auf; sie geben aber auch nicht bei ihr auf. Denn der Weg (Weg: Gegenfigur zur Mauer) ist der Preis des Zieles; der Preis des Weges sind wir selber. Er wird zum Weg, indem wir ihn gehen; wer denn sonst? Auch hier geht es letztlich nur über den Weg der einzelnen Christen und Christinnen, sozusagen über das "Subjekt", das autonom aufsteht, frei selber geht und verantwortlich selber handelt und haftbar wird. Welche Wege gäbe es, wenn nicht durch uns selber?

Von Jesus her ist uns kein ewiger Kirchenwinter angedroht, aber auch kein ewiger Kirchenfrühling angesagt und auch keine stete herbstliche Ernte verheissen; vielmehr sind wir zur Nachfolge in seinem Geiste und im Sinne seines Weges und seiner Botschaft aufgerufen. Die Verheissungen an Abraham geben einen tiefgründigen Hinweis darauf, worauf es für jede Christin und jeden Christen ankommt, wenn sie trotz der Verhältnisse, wie wir sie erleiden und aber auch selber gestalten, praktischen Christenmut wagen und auch Raum für Glaubens-Freude gewinnen wollen: "BRICH AUF... UND SEI EIN SEGEN" (Gn 12,1).

VERZEICHNIS DER AUTORINNEN UND AUTOREN

WOLFGANG BEINERT
geb. 1933, Dr. theol., emeritierter Prof. für Dogmatik
Anschrift: Großberger Weg 9, 93080 Pentling

BARBARA HENZE
geb. 1958, Dr. theol., Akadem. Rätin am Lehrstuhl für Frömmigkeitsgeschichte und Kirchliche Landesgeschichte an der Albert-Ludwig-Universität Freiburg
Anschrift: Werthmannplatz 3, 79085 Freiburg

LEO KARRER
geb. 1937, Dr. theol., Prof. für Pastoraltheologie am Institut de Théologie Pastorale Fribourg (Schweiz)
Anschrift: Rte du Jura, CH-1700 Fribourg

GEORG KRAUS
geb. 1938, Dr. theol., Professor für Dogmatik an der Universität Bamberg
Anschrift: An der Universität 2, 96045 Bamberg

JOACHIM MEYER
geb. 1936, Prof. Dr., Präsident des Zentralkommitees der deutschen Katholiken
Anschrift: Hochkreuzallee, 53175 Bonn

ILONA RIEDEL-SPANGENBERGER
geb. 1948 Dr.Dr., Professorin am Seminar für Kirchenrecht, Kirchl. Rechtsgeschichte und Staatskirchenrecht an der Johannes Gutenberg-Universität Mainz
Anschrift: Saarstr. 21, 55099 Mainz

BAMBERGER
THEOLOGISCHES FORUM

Herausgegeben von
Volker Eid, Marianne Heimbach-Steins, Alfred Hierold,
Wolfgang Klausnitzer, Georg Kraus und Godehard Ruppert,
Professoren der Fakultät Katholische Theologie
der Otto-Friedrich-Universität Bamberg

Band 1 Georg Kraus (Hrsg.): Wozu noch Laien? Für das Miteinander in der Kirche. 2001.

Band 2 Georg Kraus (Hrsg.): Zukunft im Dialog zwischen Theologie und Naturwissenschaft. 2001.